인공지능인문학

FULL COURSE

인공지능인문학
FULL COURSE

초판 1쇄 인쇄 2020년 6월 10일
초판 1쇄 발행 2020년 6월 17일

지은이 김낙현 · 임현열 · 한승우
감수자 이찬규

펴낸곳 인문과교양
주소 (02001) 서울시 중랑구 중랑천로 358-6
전화 02-3144-3740
팩스 031-655-3740

ISBN 979-11-85939-71-1 (03700)

이 저서는 2017년 대한민국 교육부와 한국연구재단의 지원을 받아 수행된 연구임(NRF-2017S1A6A3A01078538)

중앙대학교 인문콘텐츠연구소
HK+ 인공지능인문학 대중서

인공지능인문학 FULL COURSE

김낙현 · 임현열 · 한승우 지음
이찬규 감수

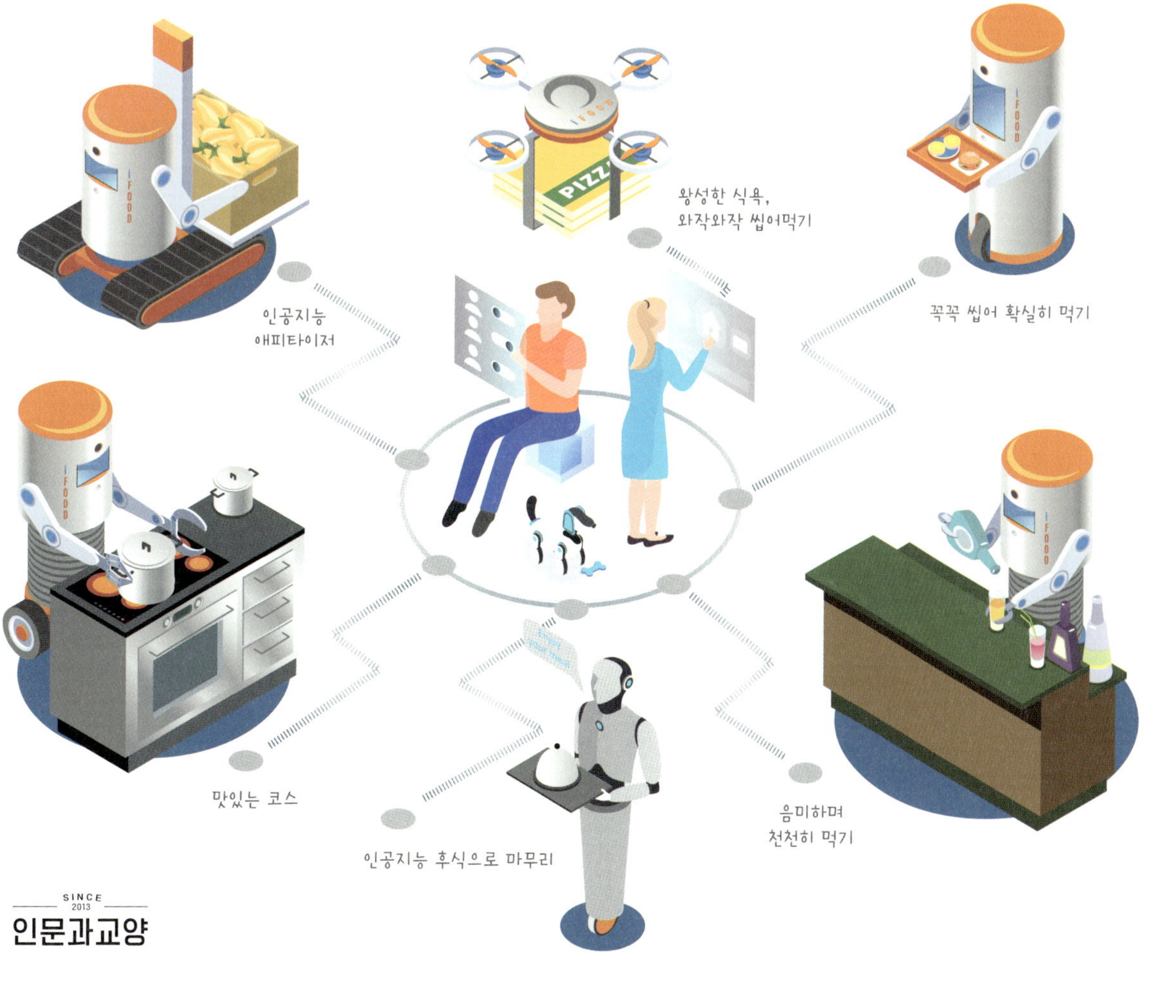

SINCE 2013
인문과교양

추천사

구슬이 서 말이라도 꿰어야 보배

우리는 현재 인공지능이라는 말이 이미 익숙한 세상에 살고 있습니다. 또 앞으로의 세계 또한 인공지능에 의한 세상이라고 말합니다. 하지만 인공지능이 무엇인지 또 인공지능 사회가 어떤 사회인지에 대해 매우 막연한 것도 사실입니다. 이 책은 이 막연한 부분을 선명하게 만들어 줍니다. 이제껏 인공지능을 다룬 대부분의 책들이 구슬만 나열한 것과 달리, 이 책은 인문학과 기술 등 서 말 이상의 구슬들을 잘 꿰어 만들었기에 보기 좋아 읽기 좋은 목걸이입니다.

이 책은 우리의 생활 속의 노동, 의료, 법률, 예술, 산업, 언론, 감정과 같은 콘셉트들이 인공지능 사회로 진입하면서 어떻게 진화하여 왔고 또 앞으로 어떻게 변화할 것인가를 사실을 기반으로 흥미롭게 또 자연스럽게 학습할 수 있도록 구성되어 있는 예쁜 목걸이 입니다.

〈ALPHAGO〉, 〈Humans〉, 〈엘리시움〉, 〈아이, 로봇〉, 〈바이센테니얼 맨〉, 〈전격 Z작전〉, 〈에이 아이〉, 〈터미네이터 1, 2〉, 〈빅터 프랑켄슈타인〉의 영화로 일단 재밌게 시작합니다. 재미있는 예시들로 시작하여 심층적인 설명으로 이어져 흥미를 잃지 않고 깊은 이해를 돕도록 구성한 책입니다.

대체로 국어, 수학, 사회, 과학 등 무언가의 학습을 목적으로 하는 책들은 건조하게 진행되어 일단 졸리고 잘 이해되지 않는 경향이 있습니다. 그러나 이 책은 학습에 대한 것임에도 불구하고 졸리지 않고 흥미롭게 이해할 수 있습니다.

이 책에는 "과학의 발전으로 카메라가 발명되어 화가들이 카메라가 표현하기 어려운 시각에 의한 영상, 정서와 감정 및 개념 구조를 표현하기 위하여 그림을 더욱 발전시키는 것"이라는 내용이 있습니다. 이것은 인공지능 기술의 발전으로 우리 삶의 각 부분들이 새롭게 발전할 것을 예상할 수 있게 해 주고, 인문학적 상상력의 중요성을 알려 줍니다.

우리는 이제 사람의 생각과 기술의 융합, 즉 인문학과 기술 융합이 새로운 패러다임으로 전이하는 과정을 자연스럽게 이해하게 됩니다. 미래 세대인 초등학교 고학년, 중학생 및 고등학생들이 인문학과 인공지능이 어떻게 교감하고 있는지를 알게 될 주옥같은 스토리인 것 같습니다.

서울교육대학교 컴퓨터교육과 교수/소프트웨어영재교육원장

김갑수

머리말

새 시대에 올,
새로운 친구들을 맞이하며!

여러분에게 이 글을 쓰고 있는 필자 역시 인공지능에 대해 전혀 관심이 없었던 전형적인 '문과생'이었습니다. 주어진 프로젝트를 수행하면서 AI 과제가 저에게 주어졌고, 황당한 심정으로 책상 구석에 밀어 둔 채 먼지만 쌓여 가고 있었지요. 그렇게 AI와의 대치 기간이 길어질수록 밥을 먹어도 소화가 되지 않고, 잠을 잘 때에도 로봇에게 쫓겨 다녔습니다. 이제 더 이상 그 녀석들을 외면할 수가 없을 무렵, 하기 싫은 숙제를 미루고 미루다 더 이상 어쩔 수 없어 후다닥 해치우는 막막한 심정으로 AI에 대해 들여다보기 시작했습니다. 그러다 문득 저 깊은 기억 속에서 한 가닥 실마리를 붙잡았습니다. 제가 어린 시절 즐겨 보던 어린이 과학 잡지의 신기한 기술들이 어느새 현실이 되고 있었던 것입니다. 꼬마 시절 그토록 열광했던 로봇 만화의 주역들은 이제 제 눈앞에 나타날 날을 기다리고 있었고, 동화와 만화책을 읽으면서 상상했던 미래 사회가 성큼 다가와 있었다는 것을 새삼 깨닫게 되었어요.

그럼에도 불구하고, 저는 역시 문과생답게 그리고 쿨하게 그것들을 애써 보지 않으려고 노력했습니다. "AI는 아직 멀었다고! 어떻게 기계가 인간을 이기냐고!" 그런 자만에 가득한 말들을 뱉어 내면서 그들의 존재를 부인하려고 애썼습니다. 그러나 이세돌이 알파고에게 패배하던 날, 인류가 AI에게 패배하는 것과 같은 낭패감을 느낀 것은 저뿐만이 아니었을 겁니다. 이세돌의 당황하던 모습을 보며 손에 땀을 쥐었고, 실체도 없는 컴퓨터 앞에서 고뇌하던 그의 모습은 곧 다가올 인류의 모습을 보여 주는 예고편 같아 보였습니다. "결국 인간은 자신의 창조물에게 패배하고 마는가?" 하는 자괴감도 들었지요. 그리고 머릿속에서는 수많은 데이터와 강력한 몸으로 무장한 AI 로봇들의 지구 점령이 영화처럼 펼쳐졌습니다. 그리고 생각했어요. "AI와 로봇, 모두 없어져 버려!" 혹시 여러분도 저와 같은 마음이었을까요?

그러나 저는 곧 알게 되었습니다. 인류는 끊임없이 자신과 닮은 그 무언가를 꿈꾸어 왔다는 것을요. 그리스 신화의 청동 탈로스와 『일리아스』에 등장하는 황금 하녀들은 그런 인류의 원초적인 꿈을 보여 줍니다. 인간의 상상력은 태초부터 계속되어 왔고, 결국 과학기술과 만나는 지점에서 뛰어난 지능과 강건한 몸을 가진 인공지능 로봇을 창조해 내기에 이르렀다는 것을요. 인류의 상상은 도전을 만들고, 인류는 모든 시련을 극복하고 끝내 이루고 말 것입니다. 그렇게 우리가 만들어 낸 창조물인 AI와 로봇은 곧 우리의 곁으로 올 것이고, 그들을 어떻게든 받아들여야 합니다.

소설 속에서 프랑켄슈타인은 신체 부위들을 모아 거대한 생명체를 만들고, 전기를 주입해 생명을 불어넣습니다. 그러나 자신이 만든 창조물을 혐오해서 곧 외면해 버리지요. 창조주에게 버림받은 그는 곧 프랑켄슈타인에게 복수를 시작합니다. 결국 모두 파국을 맞게 되지요. 그러나 동화에서 피노키오를 만든 제페토 할아버지는 말썽쟁이 피노키오가 많은 모험을 거쳐 성숙할 때까지 도와주고 지켜봅니다. 우리 모두가 알다시피 피노키오는 해피엔딩을 맞게 됩니다. 자, 이제 우리 앞에는 프랑켄슈타인과 제페토 할아버지라는 두 가지의 길이 놓여 있습니다. 우리는 어떤 길을 선택하게 될까요?

우리가 창조한 AI와 로봇 기술들을 올바른 방향으로 쓰일 수 있도록 제도를 만들고, 부정적인 일들을 미리 예견하여 방지하면서 그들과 살아갈 수 있는 세상의 토대를 만들어 가야 합니다. 어느 누구도 경험해 보지 못한 그들과의 동행은 결국 우리 스스로가 만들어 가야 할 길이기 때문입니다. 여러분, 새로운 친구들이 벌써 문을 두드리고 있네요. 그들을 맞을 준비가 되어 있나요? 힘차게 문을 열어 그들과 함께 갈 세상을 열어 봅시다.

이 책에서는 새 시대에 새 친구들을 맞이해야 할 우리들을 위해, AI와 함께 살아가기 위한 열 가지 방법에 대해 논의해 보려고 합니다. 처음으로 만나는 친구들 앞에서는 낯설고 쑥스럽기 마련이지요? 아마 AI도 그런 존재일지 모릅니다. 하지만 낯가림은 잠시 접어 두고, 우리 모두 열린 마음으로 그들을 맞아 봅시다.

"어서 와, 친구들! 우리 함께 걸어 볼까?"

저자 한승우

Artificial Intelligence

감사의 말

인공지능인문학 보급의 사명, 힘을 보태 주신 많은 분들

HK+ 인공지능인문학 연구단에서 인공지능 시대를 대비한 인문학, 인공지능 기술을 활용한 인문학을 연구하면서 이 주제로 해야 할 일들이 많다는 생각을 했습니다. 그중 하나는 인공지능학의 이슈들을 청소년들에게 보급하는 일이었습니다.

아무도 하라 하지 않았지만 스스로 느낀 사명감으로 이 책을 쓰게 되었습니다. 필자가 느낀 사명감의 크기는 컸으나 혼자 책을 쓰기에는 무리가 있어, 누군가와 함께 토론하며 책을 만들어야겠다고 생각했습니다. 다행히 필자 주변에는 좋은 분들이 많았습니다. 김낙현, 한승우, 김민영, 강성애 선생님. 이분들과 팀을 이뤄 책을 쓰게 되었습니다.

김낙현 교수님은 이 팀이 꾸려지는 데 핵심적인 역할을 해 주셨습니다. 우리 집필진의 모든 구성원이 김낙현 교수님을 매개로 모이게 되었고, 힘든 과정을 거치면서도 특유의 유머로 후배들을 다독여 주셨습니다. 감사합니다.

한승우 교수님은 이 책의 주 저자입니다. 집필의 전 과정에서 자신의 시간과 열정을 오로지 이 책에 쏟으셨습니다. 이 책에서 출처가 표시되지 않은 지문들은 저작권 문제 해결이 어려워서 한승우 교수님이 직접 쓰신 글들입니다. 감사합니다.

김민영 박사님은 작업 초반에 중·고등학교 교과서를 전수 조사해서 인공지능인문학과 관련된 지문을 찾느라 애쓰셨고, 교재 샘플을 만드는 일도 함께해 주셨습니다. 아쉽게도 코로나19로 모든 과정을 함께하지는 못했습니다만, 감사합니다.

강성애 박사님은 드라마 전공자로, 동영상 편집 기술을 유감없이 발휘해 주셨습니다. (저작권 문제로 책에 싣지는 못했지만) 모든 PART의 '인공지능 애피타이저'에 준비해 두었던 동영상 자료는 모두 강성애 박사님이 기획하고 작업한 결과입니다. 감사합니다.

집필진 외에도 이찬규 단장님께 감사의 말씀을 드립니다. 이 책을 위해 그야말로 물심양면으로 도움을 주셨습니다. 연구비를 지원해 주셨고, 지친 집필진에게 따뜻한 격려를 해 주셨습니다. 그뿐만 아니라 바쁘신 중에도 이 책을 감수해 주셨습니다. 감사합니다.

또한 영재교육원장님이신 김갑수 교수님께도 감사의 말씀을 드립니다. 이찬규 단장님의 소개로 이 책의 집필본을 보내 드리고 추천사를 부탁드렸는데, 이 책의 성과를 긍정적으로 평가해 주시고 친히 추천사를 써 주셨습니다. 감사합니다.

덧붙여, 이 책이 나오기 위해 저작권 문제 해결부터 출판까지 모든 과정에 도움을 주신 인문과교양의 박희정 팀장님께 감사의 말씀을 드립니다. 이 책이 더 많이 보급될 수 있도록 마무리까지 잘 부탁드립니다.

그리고 그 누구보다, 지금 이 책에 관심을 가지고 이 책의 감사의 말을 읽고 있는 독자 여러분께 감사의 말씀을 드립니다. 기왕에 집어 든 이 책을 끝까지 읽고, 모쪼록 널리 활용해 주시기를 부탁드립니다. 감사합니다.

저자 임현열

일러두기

인공지능인문학,
맛있는 코스

이 책은 청소년을 위한 인공지능인문학 교재로 기획되었습니다. 하지만 청소년들이 가지고 있는 관심의 정도나 지식 수준이 저마다 다를 것입니다. 이에 우리 교재는 다섯 단계로 교재를 구성하여 다양한 청소년들이 자신의 상황에 맞게 책을 사용할 수 있게 하였습니다. 아주 높은 수준의 청소년을 위한 내용도 실어 두었기 때문에 대학생들이 봐도 참고가 될 것입니다. 우선, 이 책의 단원별 구성을 소개합니다.

인공지능 애피타이저	도입	영화, 드라마, 다큐멘터리 등 흥미로운 매체를 활용하여 단원별 이슈에 대해 생각해 봅니다.
음미하며 천천히 먹기	배경 지식	중 · 고등학교 교과서 수준에서 제시되는 인공지능인문학의 여러 내용들을 읽고 배경지식을 쌓습니다.
꼭꼭 씹어 확실히 먹기	전개	단원별 이슈와 관련된 신문 기사나 대중서의 일부를 읽으며 인공지능인문학의 주요 이슈를 고민합니다.
왕성한 식욕, 와작와작 씹어먹기	확장	단원별 이슈를 확장하여 수준 높은 읽기 자료를 읽고 인공지능인문학의 관점을 확장합니다.
인공지능 후식으로 마무리	마무리	단원별 이슈에 대한 저자들의 생각 정리 페이지입니다. 독자들도 함께 생각해 봅니다.

이 책은 다양한 방식으로 활용할 수 있습니다. 각각을 몇 가지 코스로 구성하여 다음과 같이 제시합니다. 활용할 때 참고해 주세요.

1) 단기 코스

인공지능인문학에 대해 관심이 많지만, 시간을 낼 여력이 많지 않은 경우 인공지능 애피타이저와 인공지능 후식으로 마무리를 중심으로 읽기 바랍니다. 이 부분을 읽다가 흥미가 생기는 단원은 다른 부분을 더 읽어도 좋겠습니다.

2) 기본 코스

인공지능 애피타이저, 음미하며 천천히 먹기, 인공지능 후식으로 마무리! 이것이 기본 코스입니다. 주로 중학생 수준이 될 텐데요. 너무 어려운 것까지 공부하기 곤란한 학생들은 기본 코스로 책을 읽어 보세요.

3) 일반 코스

인공지능 애피타이저, 음미하며 천천히 먹기, 꼭꼭 씹어 확실히 먹기! 이것이 일반 코스입니다. 난도가 매우 높은 왕성한 식욕, 와작와작 씹어먹기를 빼고 읽는 것입니다. 책을 많이 읽는 중학생이나 보통의 고등학생들이 선택하면 좋을 코스!

4) 고급 코스

인공지능 애피타이저부터 인공지능 후식으로 마무리까지 하나도 빼놓지 않고 통째로 드시는 코스! 다만, 수준 높은 독자에게 음미하며 천천히 먹기는 좀 쉬울 수도 있습니다. 고급 코스를 선택한다면 음미하며 천천히 먹기는 좀 남겨 두어도 좋습니다. 책을 많이 읽는 고등학생이나 보통의 대학생들이 누리면 좋을 코스!

5) 미식가 코스

꼭꼭 씹어 확실히 먹기, 왕성한 식욕, 와작와작 씹어먹기를 중심으로 드시는 코스! 인공지능인문학에 대한 배경지식이 상당히 있어서 이와 관련한 지식의 확장과 관점의 전환을 하고자 하는 학생들에게 좋은 코스입니다.

전체는 PART 01부터 PART 10까지로 구성되어 있습니다. PART 01은 전체를 아우르는 개요 역할을 합니다. 따라서 PART 01은 먼저 읽고 연습하는 게 좋습니다.

PART 02부터 PART 08까지는 여러 주제를 병렬적으로 제시한 일종의 각론입니다. 순서대로 읽어도 좋고, 읽고 싶은 부분을 먼저 읽어도 좋습니다. 시간이 충분하지 않다면 관심 있는 주제 몇 가지만 골라 읽어도 문제없겠습니다.

끝으로, PART 09와 PART 10은 전체를 마무리하는 역할을 합니다. 이 부분은 앞의 내용을 읽고 연습한 후에 읽는 것이 좋겠습니다.

저자 김낙현

이 교재를 활용하는 선생님들께

이 교재에서 제시된 인공지능 애피타이저는 모든 PART에 해당되는 영상 자료가 제작되어 있습니다. 저작권 문제 때문에 제한된 방식으로만 해당 자료를 공개할 수 있는 상황인데요. 수업 중 활용하기 위해 동영상 자료가 필요하신 선생님은 이메일로 문의해 주시면 동영상 자료를 제공받을 수 있는 방안을 알려 드리겠습니다.

※ 이메일: aihumanities@cau.ac.kr

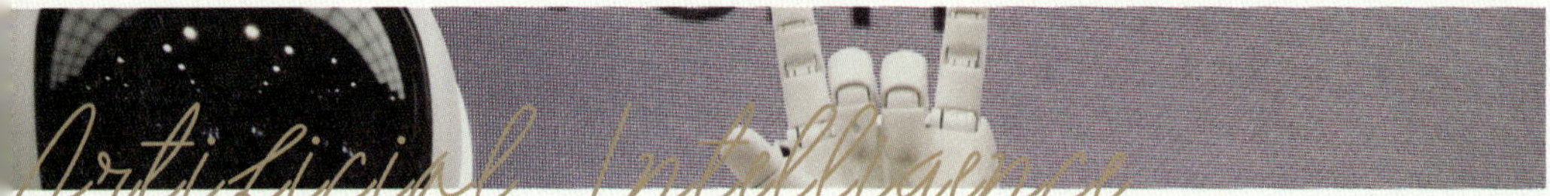

목차

PART 01 ——— AI란 무엇인가?

PART 05 —— AI와 예술

PART 06 —— AI와 산업

PART 07 —— AI와 언론

PART 08 —— AI와 감정

PART 09 —— AI와 미래 사회

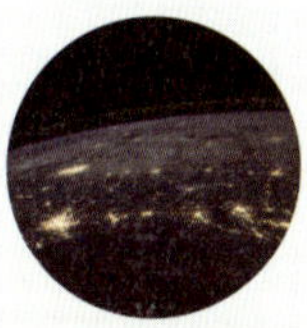

PART 10 —— AI 시대와 과학 윤리

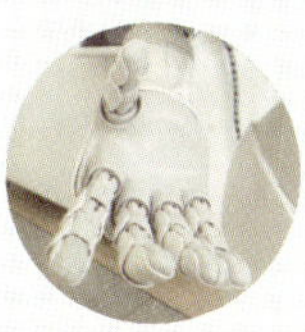

PART 01

AI란 무엇인가?

01

AI란 무엇인가?

<ALPHAGO>, 그렉 코스, 미국, 2017.

〈ALPHAGO〉는 구글 딥마인드의 인공지능 컴퓨터 알파고와 이세돌 9단의 '구글 딥마인드 챌린지 매치'를 조명한 다큐멘터리 영화이다. 개발자들의 인터뷰와 이세돌 9단의 심경 등이 더해지면서 인간 대 인공지능의 맞대결이라는 최대의 이벤트가 극적으로 펼쳐진다.

인공지능 애피타이저

알파고 쇼크!

'구글 딥마인드 챌린지 매치'가 시작되기 전까지 거의 모든 바둑기사들은 이세돌의 전승을 점쳤다. 그러나 경기가 시작된 1국에서 알파고의 24수를 본 바둑 해설자들은 놀라움의 감탄사를 연발한다. 알파고의 실력이 놀라울 정도로 완벽했기 때문이다. 생각지도 못했던 알파고의 강세에 이세돌은 1국에서 결국 패배하고 만다. 기자 회견장에서 이세돌은 알파고를 만든 엔지니어들에게 존경을 표하며, 즐기는 자세로 남은 대국에 임할 것을 다짐한다.

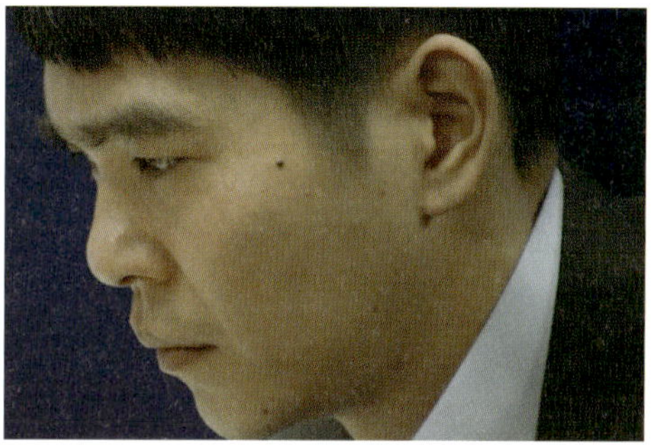

내레이션 이세돌의 고통을 느낄 수 있었습니다. 믿어지지도 않고 받아들일 수도 없었겠죠. 결과를 받아들이는 데는 시간이 꽤 걸렸습니다.

기자의 브리핑 인간과 기계의 전투에서 컴퓨터가 승리했습니다. 딥마인드는 세상에서 가장 똑똑한 인간을 대상으로 컴퓨터 프로그램을 테스트했고 결국 승리했습니다. 알파고가 이긴 이 남자는 바둑 세계 대회에서 18번 우승한 남자입니다. 이번 승리는 인공지능의 돌파구가 될 것으로 생각됩니다.

막강한 인공지능을 만난 이세돌의 심정은 어떠했을까요?

2국에서 이세돌이 잠시 휴식을 취하러 나간 사이에 알파고는 '37수'를 두게 된다. 바둑 해설가들은 보통의 프로들에게서는 절대로 볼 수 없는 수라며 의아해했다. 알파고의 실수가 아니냐는 조심스러운 추측이 더해졌지만, 이후 인간이 10,000분의 1의 확률로 둘 수 있는 수를 찾아 바둑돌을 놓았다는 사실이 밝혀진다. 심지어 그것은 인간이 두지 않는 창의적인 수였다. 결국 2국에서도 패배를 맛본 이세돌은 알파고의 '37수'에 대해 높이 평가하며, 인공지능의 창의성을 인정하게 된다.

연이은 3국에서도 이세돌은 패배를 맛본다. 그야말로 압도적인 알파고의 승리였다. 점차 사람들은 알파고와 이세돌의 대결을 인공지능과 인간의 대결로 받아들이기 시작한다. 사람들은 이세돌의 패배를 인간 전체의 패배인 것처럼 느끼며 안타까워한다. 그리고 3연패의 상황에서도 끝까지 포기하지 않고 알파고와 대결하며 수를 읽어 내려고 노력했던 이세돌에게서 우리 인간이 가진 불굴의 투지를 느낄 수 있었다.

왜 사람들은 알파고를 '그' 혹은 '그녀'로 지칭했을까요?

이세돌 　할 말이 없을 정도로 제 확실한 패배였음을 인정합니다. (알파고가) 초반부터 경기를 이끌고 있다고 느껴지는 순간이었습니다.

엔지니어 　마냥 기쁘면서도 약간 두려운 기분도 들었습니다. 스스로 학습하는 기계는 인간을 두렵게 하는 것 같습니다. 우리에게 알파고는 분명히 컴퓨터 프로그램에 불과합니다. 하지만 인터넷 해설을 보면 벌써 해설자들이 알파고를 '그'나 '그녀'로 부르고 있는 게 보였습니다. 무심결에 그랬겠죠. 알파고는 완전한 AI의 발끝도 못 미칠 정도로 단순한데 벌써 이런 현상이 일어나니 정말 흥미로웠습니다.

4국의 중반에 들어서면서 '마법의 한 수'가 등장한다. 이세돌은 긴 시간을 고민한 끝에 흑돌 사이에 '78수'를 끼워 넣는다. 이후 알파고는 마치 고장이 난 것처럼 이상한 수를 연속으로 두다가 결국 항복하고 만다. 이세돌이 둔 '78수'는 10,000분의 1의 확률이었다는 계산 결과가 나왔고, 인간이 가진 직관의 힘을 증명해 주었다. 이세돌은 "그 수 말고는 다른 수가 없었다."라는 말을 통해, 단 하나의 '신의 한 수'를 찾아내기 위해 끝까지 포기하지 않았던 투지와 근성을 보여 주었다.

바둑 해설가 이세돌의 마법! 마법의 수는 뭐가 될까요? 이세돌의 노림수는 뭘까요? 정말 집중하고 있네요. 맞아요, 표정 좀 봐요. 이세돌은 인내심을 갖고 중요한 순간을 기다리고 있습니다. 제가 보기에는 쐐기를 찾아냈어요. 이제 흑이 도망을 못 치니 상황이 바뀔 겁니다. 그렇게 된다면 정말 멋지겠네요.

이세돌이 기적을 일으켰어요. 인공지능이 제대로 평가할 수 없을 정도로 복잡한 수를 둔 겁니다. 미소를 참을 수가 없네요. 끝났어요. 알파고가 기권했네요.

이세돌 알파고의 패배의 순간 사람들이 환호를 했다고 들었는데 그 이유는 명확하죠. 약간의 무력감, 두려움, 이렇게 우리 인간은 나약한 존재였나……. 제가 이김으로써 아직은 지켜 냈다고. 앞으로는 알파고를 이기기 힘들어지겠지만, 제가 그 한 판을 이김으로써, 이것으로 충분하다는.

마틴 리즈(Martin Rees) 케임브리지 대학 교수 겸 왕실 천문관 기계는 그저 많은 양의 정보를 처리하는 게 아니라, 지능적으로 분석하는 능력을 갖추게 될 겁니다. 바둑 경기에서 보여 줬듯이 기계가 전문가도 놀랄 정도의 수를 만들어 냈죠. 결국 기계는

'뛰어난 인간과 기계는 최고의 조합이다'라는 말은 어떤 의미일까요?

인간의 신뢰를 얻게 될 겁니다. 인간보다 더 나은 추측을 하는 걸 무척 자주 보게 될 테니까요. 카스파로프의 말이 생각났습니다. 뛰어난 인간과 기계는 최고의 조합이다.

마지막 5국은 아쉽게도 이세돌의 패배로 끝이 난다. 이로써 2016년 3월 9일부터 하루 한 차례 대국으로 총 5회에 걸쳐 진행된 최고의 바둑 인공지능 프로그램 알파고와 최고의 인간 바둑 기사의 대결은 4 대 1이라는 결과를 남기고 대단원의 막을 내린다.

대국 전에 구글의 CEO 에릭 슈밋은 "누가 이기든 인류의 승리"라고 말한 바 있었다. 인간이 만든 인공지능의 학습 능력과 창의력이 증명되는 순간이었으며, 더불어 인간이 가진 직관과 의지가 빛을 발하는 대결이었다. 이 대결을 통해 인류는 우리 앞에 온 인공지능을 눈으로 확인할 수 있게 되었다. 이제 눈부시게 변화할 인류의 미래 앞에서 우리는 그들을 어떻게 받아들여야 하는가에 대한 궁극적인 질문을 던져야만 한다. 지금껏 만난 적 없는 그들과 우리는 앞으로 어떤 관계를 맺어가야 할까?

음미하며 천천히 먹기 스스로 생각하는 AI가 가져올 미래 사회

(가) 과학자들은 전 세계의 모든 지식을 컴퓨터 안에 입력하여 똑똑한 컴퓨터를 만들어 내고자 했다. 그러나 현실적으로 모든 인류의 지식을 입력하는 것은 불가능하다는 것을 깨달았다. 과학자들은 모든 정보를 입력하는 방법 대신, 인간처럼 컴퓨터가 스스로 학습하여 지식을 습득해 가는 방법을 고민하기 시작했다. 인간이 지식을 처리하는 과정을 프로그래밍하여 컴퓨터에게 입력할 수만 있다면 스스로 학습하면서 똑똑해지는 컴퓨터를 만들 수 있다고 보았기 때문이다. 이를 위해 과학자들은 인간의 정보 처리

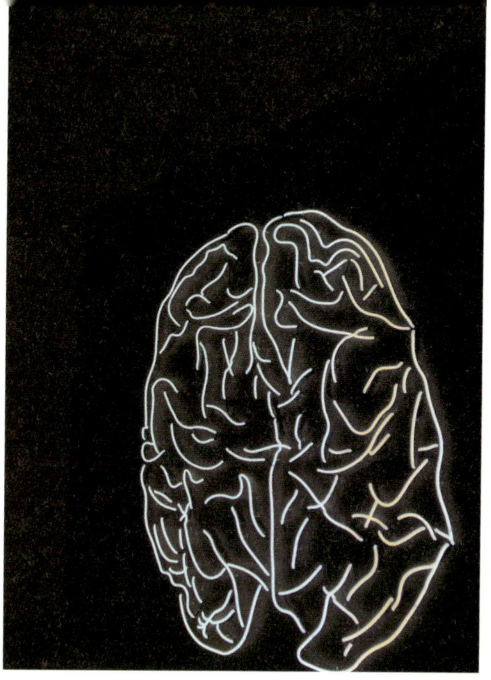

과정을 자세히 들여다보기 시작했다.

인간은 여러 신체 기관들을 통해 외부에서 오는 물리적 자극을 뇌로 전달하는 '입력 과정'을 거친다. 이후 뇌는 이것을 분석하여 의미를 알아내고, 정보와 데이터를 분류하여 뇌의 각 부위에 저장하면서 '인지의 과정'을 거친다. 이후 어떠한 문제 해결의 상황과 마주쳤을 때 저장된 정보를 꺼내서 적용하는 '판단의 과정'을 갖는다. 여기에서 한 발 더 나아가, 많은 데이터들을 서로 조합하고 응용하는 과정들을 거치면서 점차 새로운 지식 발전으로까지 나아간다. 이것이 최종적인 '창조의 과정'이다.

이런 모든 과정들은 인간의 뇌에서 순식간에 발생되고 처리된다. 이것이 가능한 이유는 뇌 곳곳을 이어 주는 '신경망'이 있기 때문이다. 뇌 곳곳에 흩어져 있는 다양한 정보들을 활용하고 응용할 수 있도록 신경망은 매우 빠른 속도로 움직인다. 과학자들은 이러한 인간의 뇌를 본따 '신경망 이론'을 고안해 냈고, 인간의 지식 습득 과정을 그대로 모방하여 프로그래밍한 후 컴퓨터에 이식하였다. 인공 신경망을 기반으로 하는 기계 학습 기술은 컴퓨터가 여러 데이터를 이용하여 마치 사람처럼 스스로 학습할 수 있게 만들어 주었다. 이를 딥 러닝(deep learning)이라고 부르는데, 컴퓨터가 특정 업무를 수행할 때 정형화된 데이터를 수집하고 분석하여 고속으로 처리할 수 있도록 도와준다.

인간이 외부 세계의 모든 것들을 보고, 듣고, 판단하고, 행동하는 과정을 그대로 본따 프로그래밍하여 컴퓨터에게 스스로 학습하도록 하는 것이 인공지능(AI)의 기본 원리이다.

(나) 컴퓨터는 하드웨어인 기계장치와 소프트웨어인 각종 컴퓨터 프로그램으로 구성되어 있다.

그중에서 하드웨어에는 입력장치, 중앙처리장치, 출력장치로 나눌 수 있는데, 사람의

슈퍼 태권V는 조종사 훈이에 의해 움직인다. 스스로 판단할 수 있는 능력이 없는 로봇이기 때문이다.

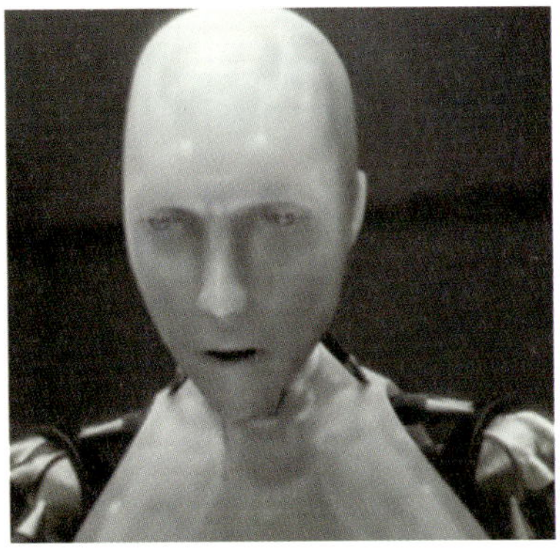

지능과 감정가지 갖춘 인공지능 로봇

눈과 코처럼 외부의 정보를 받아들이는 감각 기관과 같은 역할을 하는 것이 입력장치이고, 들어온 정보를 받아들여 판단하는 뇌와 같은 역할을 하는 것이 중앙처리장치이며, 손과 발을 움직이거나 입을 통해 말을 하는 등의 의사표현을 하는 것이 출력장치이다.

소프트웨어는 시스템 소프트웨어와 응용 소프트웨어로 나눌 수 있는데, 시스템 소프트웨어는 윈도우와 같은 운영체제를 말하고, 응용 소프트웨어는 특정한 기능을 위해 만든 문서, 영상, 편집, 멀티미디어, 게임, 그래픽 같은 각종 프로그램들을 말한다.

로봇은 컴퓨터에 비유하면 쉽게 이해할 수 있다. 컴퓨터의 하드웨어에 해당하는 기계장치에 수행해야 하는 일을 미리 프로그래밍하여 입력하면, 다른 도움 없이도 그 일을 계속해서 수행할 수 있다. 하드웨어에 특별한 소프트웨어를 깔아두고, 같은 일을 반복하도록 명령하면 별다른 도움 없이도 끊임없이 같은 일을 반복할 수 있도록 설계된다. 이처럼 일반 로봇은 매우 간단한 소프트웨어만 입력하여 작동하도록 만들어진 기계장치에 가깝다. 그러나 인공지능 로봇은 이런 보통의 로봇과는 다르다. 인공지능 로봇은 인간의 뇌처럼 일을 학습하여 스스로 판단하여 움직일 수 있기 때문에 인간의 조작이 따로 필요 없다. 돌발 상황에 맞게 일의 순서를 바꾸기도 하고, 더 나은 창의적인 활동까지도 가능한 것이다.

더 알기 쉽게 비유하자면, 일반 로봇이 훈이가 조종하는 '슈퍼 태권V'에 가깝다면, 인공지능 로봇은 '아이로봇'에서 스스로 판단하여 행동하는 로봇의 모습에 가깝다.

(다) 기술의 발달은 삶의 양식을 바꾸고 산업의 구조를 변화시킨다. 또한 산업 구조의 변화로 기존의 직업이 사라지거나 새로운 형태로 바뀌기도 하며, 새로운 직업이 생겨나기도 한다.

산업의 변화

과거에는 필요한 제품을 직접 손으로 만들어 사용하는 가내 수공업이나 공장제 수공업이 발달하였다. 18세기 후반 증기 기관의 발명에서 비롯된 1차 산업 혁명은 공장제 기계 공업으로 산업 구조를 변화시켰다. 19세기 후반 2차 산업 혁명을 통해서는 컨베이어 벨트를 이용한 대량 생산이 가능해졌다. 오늘날에는 컴퓨터와 인터넷의 발달이 불러온 3차 산업 혁명으로 공장 자동화가 가능해짐으로써 생산성이 크게 향상되었다.

직업의 변화

기술 발달에 따라 산업 구조가 변하면서 직업 세계에도 변화가 일어났다. 예를 들어 과거에 말을 이용해 마차나 수레를 끌던 마부는 사라지고, 열차를 운전하는 기관사가

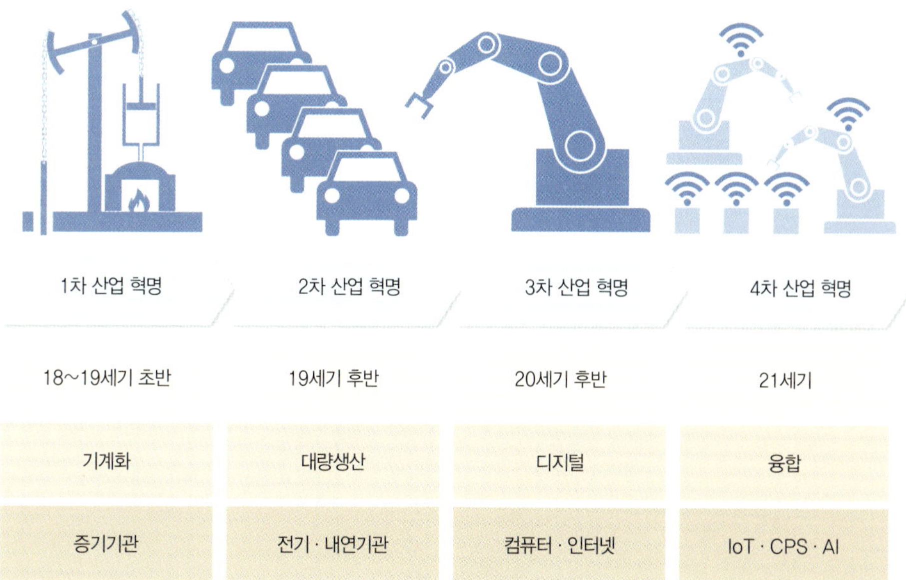

산업의 발달

전화 교환원
출처: Bing images

버스 안내양
출처: Bing images

생겨났다. 전화 교환원과 굴뚝 청소원, 버스 안내양과 같은 직업도 사라진 지 오래다. 극장의 간판을 그리는 사람이나 주산을 가르치는 강사, 회의나 대화 내용을 손으로 빠르게 적는 수필 속기사도 사라졌다.

오늘날에는 녹색 건축 전문가, 무인 항공 촬영 기사, 정보 보안 전문가 등과 같이 새로운 직업들이 등장한다. 미래에는 로봇이나 자동화 기기들이 인간의 일을 대신함으로써 노동 집약적인 직업들은 더욱 줄어들고, 첨단 기술을 운용하고 관리할 수 있는 전문 직종이 새롭게 생겨날 것이다.

미래에는 사회 변동과 기술 혁신으로 정보, 바이오, 로봇, 신소재, 우주, 에너지, 환경, 문화 콘텐츠 등의 분야에서 지금보다 첨단화된 새로운 기술들이 등장할 것이다. 특히 인공지능, 로봇 공학, 사물 인터넷, 3D 프린팅, 나노 기술, 바이오 기술 등이 불러올 혁신적인 변화를 4차 산업 혁명이라 한다. 4차 산업 혁명으로 수많은 직업이 사라지거나 변하고, 동시에 새로운 일자리가 생겨날 것으로 예상된다.

따라서 미래 기술과 더불어 생겨날 직업을 예측할 수 있어야 하며, 필요한 능력을 갖추어야 한다.

최유현 외, 「안전한 삶과 미래 기술」, 『고등학교 기술가정 교과서』, 지학사, 203~204쪽.

01 (가)를 읽고, 다음의 물음에 답해 보세요.

• 인간이 보고 듣고 생각해 행동으로 옮기는 단계를 정리해 보세요.

	여러 신체 기관을 통해 외부로부터 오는 물리적 자극을 뇌로 전달하는 과정
	뇌가 정보를 분석하여 의미를 알아내고, 정보와 데이터를 분류하여 뇌의 각 부위에 저장하는 과정
	문제 상황에 부딪혔을 때 저장된 정보를 꺼내서 적용하는 과정
	여러 지식들을 조합하고 응용하면서 새로운 지식 발전으로 나아가는 과정

• 과학자들은 인간의 뇌를 본따 ______________ 이론을 고안해 냈고, 인간의 지식 습득 과정을 그대로 모방하여 프로그래밍한 후 컴퓨터에 이식하였다.

• 딥 러닝(deep learning)이란 무엇인지, (가)에서 찾아 요약해 보세요.

02 (나)를 읽고, '일반 로봇'과 '인공지능 로봇'의 차이를 설명해 보세요.

- 일반 로봇: ______

- 인공지능 로봇: ______

03 (다)를 읽고, 사라진 직업들과 앞으로 생겨날 직업들에는 무엇이 있는지 알아보세요.

- 사라진 직업: ______

- 미래에 새로 생겨날 직업: ______

꼭꼭 씹어 확실히 먹기

인공지능의 두 얼굴

1977년 IBM에서 '딥블루'라는 인공지능 컴퓨터를 선보였다. 딥블루는 체스 세계 챔피언을 이겼고, "바둑에서 컴퓨터가 사람을 이기기 위해선 100년 이상 걸릴지 모른다."라는 신문 보도가 이어졌다. 하지만 40년도 채 되지 않아 인공지능 바둑 프로그램인 '알파고'가 세계 최고의 프로 바둑 기사와의 대국에서 승리하였다. 인간의 능력을 뛰어넘는 인공지능 시대가 눈앞에 펼쳐진 것이다. 과학자들은 인공지능의 도움으로 지금보다 살기 편리한 세상이 만들어질 것이라고 기대한다. 하지만 한편에서는 인공지능에 의해 바뀌게 될 인류의 미래를 우려하는 사람들도 많다. 다양한 분야의 전문가들 역시 인공지능에 대한 엇갈린 견해를 내놓고 있다.

엘론 머스크(테슬라 CEO)

인공지능 연구는 우리가 악마를 소환하는 것이나 마찬가지다. 인공지능은 핵무기보다 위험하다.

인류의 발전은 생물학적 진화 속도로 인해 제한되기 때문에 인공지능 발전 속도와 경쟁할 수 없을 것이다. 인공지능은 인류의 종말을 불러올 수도 있다.

스티븐 호킹(물리학자)

레이 커즈와일(미래학자)

인공지능을 두려워할 필요는 없다. 인공지능이 인간의 한계를 넓혀 줄 것이다.

에릭 슈미츠(전 구글 CEO)

인공지능을 두려워하기보다 새로운 세계에 대응할 수 있도록 교육하는 것이 더 중요하다.

우리가 AI 방법을 향상시킬 때마다 매번 모든 시스템들이 더 나아지고 있다. 이는 세상을 더 좋게 만들 가능성을 보여 주는 것이다.

마크 저커버그(페이스북 CEO)

AI에 대한 전문가들의 의견들을 긍정적인 측면과 부정적인 측면으로 나누어 보세요. 여러분은 이 중에서 어떤 의견에 동의하나요? 그 이유와 함께 자신의 주장을 작성해 보세요.

AI에 대한 긍정적 전망	AI에 대한 부정적 예견

똑똑한 컴퓨터가 온다!

1997년 IBM의 딥블루가 세계챔피언 게리 카스파로프를 쓰러트렸다.

IBM의 슈퍼컴퓨터 왓슨이 2011년 2월 16일 미국 퀴즈 프로그램 제퍼디 게임에 참여해 우승을 차지했다.

2016년 3월 구글의 바둑 인공지능 알파고가 이세돌 9단을 꺾었다.

1997년 IBM의 딥블루가 세계챔피언 게리 카스파로프를 쓰러트렸다.

IBM의 슈퍼컴퓨터 왓슨이 2011년 2월 16일 미국 퀴즈 프로그램 제퍼디 게임에 참여해 우승을 차지했다.

"인간이 컴퓨터에 졌다." 1997년 5월 13일 아이비엠(IBM)이 만든 컴퓨터 '딥블루'가 체스 세계 챔피언인 게리 카스파로프를 상대로 승리를 거뒀을 때의 국내 한 신문 기사 제목이다.

2011년 2월 16일 아이비엠이 개발한 컴퓨터 '왓슨'이 미국 인기 퀴즈쇼 〈제퍼디〉에 출전해 두 명의 챔피언을 물리치고 우승을 했을 때의 제목은 "퀴즈 달인들 슈퍼컴퓨터에 완패"였다.

2016년 3월 구글의 바둑 인공지능 알파고가 이세돌 9단을 꺾었다.

2015년 10월 구글의 자회사 구글 딥마인드가 개발한 컴퓨터 '알파고'가 유럽 바둑 챔피언인 판후이를 상대로 겨룬 5판의 대국에서 모두 이긴 사실을 보도하는 기사에는 "인공지능 컴퓨터, 프로 바둑기사 이겼다."라는 제목이 달렸다.

인간과 컴퓨터를 각각 대표하는 이세돌 9단 대 알파고의 대국은 승패를 넘어 알파고가 단순한 슈퍼컴퓨터에서 인간을 닮은 인공지능 컴퓨터로 진화했음을 보여 줄 수 있을지에 관심이 모인다. 알파고는 딥블루, 왓슨과 다르며 '인공지능'이란 수식어가 붙을 자격이 있는 컴퓨터인가, 아니면 이세돌 9단에게 이겨도 "기쁘다."라는 말 한마디 못 하는 그저 단순한 초고속 컴퓨터일 뿐일까.

딥블루와 알파고는 어떤 수를 두면 무슨 일이 일어날지 다 계산해 본다는 접근 방법에서는 근본적으로 같다. 그러나 계산해야 하는 경우의 수가 다르다. 19×19의 게임판에 번갈아 돌을 내려놓는 바둑의 변화무쌍함은 8×8의 게임판에 이미 놓여 있는 말을 규칙에 따라 움직이는 체스와는 비교가 되지 않는다.

딥블루는 체스 챔피언급들이 치른 70만여 회의 대국 기록을 기억해 계산에 이용했지만, 바둑은 최소로 잡아도 우주의 원자수(10의 80제곱)보다 훨씬 많은 10의 360제곱의 경우의 수가 있어 계산이 불가능하다. 카스파로프는 딥블루로부터 뛰어난 지능과 창의성을 느꼈다고 고백했지만, 챔피언의 평정심을 흔든 딥블루의 회심의 한 수는 나중에 프로그램 오류로 밝혀졌다. 추형석 소프트웨어정책연구소 선임연구원은 "딥블루는 모든 경우의 수를 계산해 최적의 수를 찾는 방식이어서 엄밀하게 인공지능이라 볼 수 없다."라고 말했다.

왓슨의 작동 방식은 딥블루와 다르다. 왓슨은 퀴즈를 풀기 위해 자연언어처리 알고리즘을 사용했다. 바둑이나 체스의 경우의 수처럼 짜여 있는 자료가 아닌 비정형화된 자료로부터 추상적인 개념과 개념 사이에 연결돼 있는 관계를 학습하는 능력을 갖췄다. 유신 한국과학기술원(카이스트) 전산학부 교수는 "왓슨의 지능도 퀴즈쇼에 맞춰 최적화된 것이어서 완벽한 인공지능과는 거리가 멀다. 기존에 알려진 자연언어처리 알고리즘 수백 개를 동시에 실행시켜 사람이 버저를 누르기 전에 먼저 그 결과를 취합해 정답을 찾는 능력을 지녔을 뿐이다."라고 말했다.

바둑 프로그램인 알파고가 정해진 시간 안에 모든 수를 검토해 보기는 불가능하다. 무한대에 가까운 검토 범위를 중요한 수로 스스로 제한하면서 어떤 수를 두면 유리한지 불리한지 계산해야 한다. 알파고 제작진은 온라인 바둑 서버에서 수집한 바둑 고수들의 기보 16만 개와 '몬테카를로 트리 검색'이라는 도구로 알파고에 이런 능력을 부여했다. 사람이라면 평생 공부해도 못할 양을 알파고는 5주 만에 돌파했다.

여기에 알파고는 바둑을 이기는 함수를 찾아내는 '심화학습', 곧 딥러닝을 통해 바

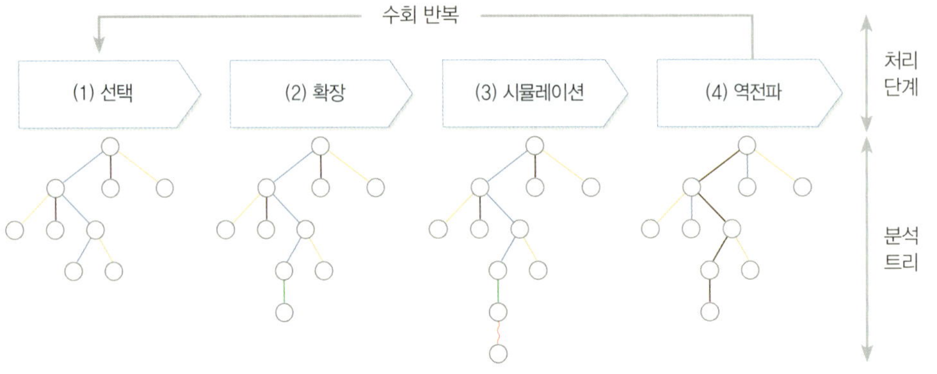

몬테카를로 트리 검색

둑 고수들이 어디에 돌을 놓을 확률이 높은지를 예측하는 능력을 키웠다. 딥러닝은 3주 동안 3억 4천만 번 실행됐다. 딥마인드는 또 알파고 1과 알파고 2를 만들어 128차례의 자체 대결을 벌여 스스로 능력을 키우는 '강화학습'도 진행했다. 이 과정은 하루밖에 걸리지 않았다. 이후 알파고는 기존 바둑 프로그램 5개와 495번의 경기를 벌여 494번 승리했다.

현재 알파고의 성능은 온라인 바둑 서버에서 매기는 기준으로 프로 2~5단에 해당하는 것으로 추정된다. 알파고의 '엘로 레이팅(승률 점수)'은 판후이를 이겼을 당시 3140점이었다. 이세돌 9단이 3500점으로 조금 앞선다. 대국 당시 판후이는 알파고에 230점 뒤졌다.

추형석 연구원은 "알파고는 스스로 강화학습을 통해 전략을 한 단계 발전시켜 탐색할 폭을 줄였다는 점에서 전문기사의 직관에 가까워졌다고 볼 수 있다."라고 말했다. 김문상 한국과학기술연구원(키스트) 지능로봇사업단장은 "이세돌과 알파고의 대결은 인공지능 로봇 분야에서 큰 획을 긋는 사건이다. 로봇이 인간을 본떠 스스로 학습을 할 수 있다는 단초를 제공했다는 의미가 있다."라고 말했다.

하지만 알파고가 '갑자기 새로운 사고 능력을 가지게 됐다'고 해석하는 것은 무리라는 경계의 목소리도 나온다. 유신 교수는 "어떤 한 수밖에 정답이 없는 뻔한 경우에도 알파고는 중요한 수들을 추려 낸 뒤 각 수들의 유불리를 미리 고려해 보는 과정을 거

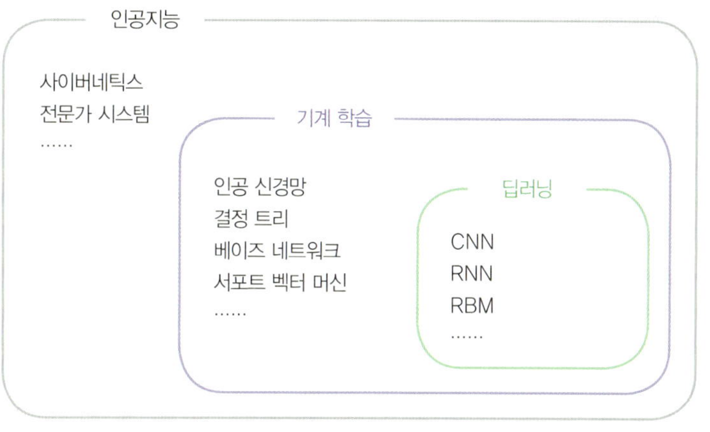

신경망과 인공 신경망

치지 않고는 한 수도 둘 수 없다. 바둑을 두는 기풍이나 남을 가르치는 바둑이론 등 추상적인 개념으로까지 승화시키지는 못한다."라고 말했다. 김 단장도 "컴퓨터의 지능이 인간과 비슷해지려면 몇 십 년은 걸릴 것이다. 창조적, 감성적인 분야에서 로봇이 과연 인간을 뛰어넘을 수 있을지는 미지수다."라고 말했다.

이근영, 「알파고, 학습통해 예측력 키워… 딥블루보다 'AI'에 근접」, 『한겨레』, 2016. 3. 8.

공상 과학 영화에서나 상상했던 일들이 우리가 생각했던 것보다 빨리 현실에서 실현되고 있습니다. 기술의 발전으로, 10년 뒤에 우리 사회는 어떤 모습으로 바뀌어 있을까요? 중 · 고등학교 학생의 생활을 중심으로 10년 뒤의 모습을 상상하여 '일기문' 형식으로 작성해 보세요. 학교 생활, 수업 상황, 친구들과의 유대 관계, 과제 작성, 이동 수단, 놀이 기구 등을 상상해 보세요.

이세돌은 실체도 없는 AI 컴퓨터와 대국을 치릅니다. 일상적인 바둑 대국에서는 상대의 표정과 태도를 살피고 그가 어떤 상황인지를 가늠해 가면서 경기를 펼칩니다. 그래서 1국에서는 이세돌이 알파고를 대신한 아자 황의 얼굴을 자주 쳐다보는 장면이 포착됩니다. 그러나 아자 황은 알파고의 대리자일 뿐이었죠. 이세돌은 곧 깨닫게 됩니다. 본인이 대결하는 것은 감정과 표정의 흔들림이 없는 AI라는 것을요.

이세돌은 연이은 대국에서도 생각보다 강한 AI의 실력에 당황했고, 인간 바둑 기사라면 둘 수 없는 수를 두는 알파고의 전략에 황당해합니다. 3국을 내리 진 이세돌이었지만, 그는 결코 포기하지 않았습니다. 철벽같은 AI의 수를 읽어 내고 전략을 분석해서 아주 작은 실수나 허점을 찾아내기 위해 고군분투 합니다. 그리고 '신의 한 수'라고 불리는 '78수'를 두게 된 것이지요. 이후 우리는 이 승리를 일컬어 AI 컴퓨터와 인간의 바둑 경기에서의 마지막 승리라고 말하게 됩니다.

이세돌은 5국까지 포기하지 않았습니다. 혼자만의 싸움이라고 느낄 때도 있었고, 부질없는 게임이라고 포기할 만도 했습니다. 또 최고의 바둑 기사로서 자존심이 상하기도 했을 것입니다. 그러나 끝까지 포기하지 않고 대국마다 최선을 다하며 AI와 맞서는 그의 모습에서 인간의 투지와 포기하지 않는 집념을 엿볼 수 있었습니다.

부질없어 보이는 것에 대한 도전, 한계에 대한 모험, 신념을 위한 질주, 직관력 등은 인간만이 가진 고유의 영역이며, 결국 이것이 새로운 미래를 이끌고 있는 것입니다. AI 역시 인간이 창조해 낸 새로운 문명입니다. 이제 새 시대의 손님인 AI와 우리는 어떤 마음 자세로 만나야 할까요? 앞으로 우리가 생각해 봐야 할 커다란 숙제입니다.

PART 02

AI와 노동

e age of artificial intelligen

02

AI와 노동

<Humans>, 사무엘 도노반, 영국·미국, 2015.

외관이 인간과 유사하며, 인공지능을 탑재한 인간형 로봇(휴머노이드)이 대중적으로 보편화된 가까운 미래 사회를 그리고 있는 작품이다. 다른 로봇과는 달리 인간처럼 생각을 하는 특수한 로봇이 우연히 한 가족에게 판매되면서 생겨나는 이야기를 다루고 있다.

인공지능 애피타이저

AI 로봇은 인간을 행복하게 할까?

드라마 〈Humans〉는 직업 때문에 가정을 돌보지 못하는 엄마 대신 가족을 돌보아 줄 수 있는 가정용 인공지능 로봇을 구매하면서 시작된다. 가족들은 로봇에게 '아니타'라는 이름을 붙여 준다. 그녀는 아름다울 뿐만 아니라, 청소와 주방일에도 능통하고, 멋진 식사까지 만들어 준다. 완벽에 가까운 그녀의 일처리에 가족들은 모두 만족하지만, 엄마는 퇴근 후 가족들이 사 온 로봇을 보고 당황한다. 그녀가 집안을 잘 돌볼수록 엄마는 자신이 대체되는 것 같은 느낌을 받는다. 엄마의 자리까지 로봇에게 빼앗기고 있다는 느낌에 불안해하고, 그런 그녀에게 아니타는 다음과 같이 말한다.

아니타(인공지능 로봇) 제가 당신보다 아이를 더 잘 돌볼 수 있다는 건 명백한 사실이에요, 로라!

로라(엄마) 뭐라고?

아니타(인공지능 로봇) 전 기억을 잊지 않고, 화를 내지도 않으며, 우울해하거나 술이나 마약에 취하지도 않죠. 저는 더 빠르고, 강하며 관찰력이 더 뛰어납니다. 저는 두려움도 느끼지 않습니다. 하지만 전 그들을 사랑할 수는 없어요.

Q 아니타에게 자신의 역할이 대체된 로라의 심정은 어땠을까요?

딸 마틸다는 인간들의 역할을 인공지능 로봇이 대신하고 있는 사회에 불만이 많다. 그러던 어느 날, 성적이 떨어진 마틸다에게 아빠와 엄마는 심각한 표정을 짓는다.

인공지능이 대부분의 일을 도맡아서 하는 세상에서도 인간은 공부와 일을 계속할 필요가 있을까요?

아빠 　　컴퓨터 성적이 A에서 D로 떨어졌구나!

마틸다 　　이번 시험은 어려웠어요.

아빠 　　거짓말 하지 마! 우린 네가 얼마나 잘하는지 안단다.

엄마 　　네가 마음만 먹는다면…….

마틸다 　　원하면 다 될 수 있다고요? 의사는 어때요? 의사 되는 데 7년이나 걸리죠. 그때가 되면 인공 로봇에게 수술을 넘겨줘야 할 걸요.

엄마 　　우린 그냥 네가 최선을 다하길 바랄 뿐이야.

마틸다 　　최선은 아무런 가치가 없어요.

인간보다 뛰어난 능력을 지닌 인공지능을 보면서 우리는 열등감을 느끼게 될까요?

무엇을 하든 인간보다 더 뛰어날 수밖에 없도록 설계된 인공지능을 보면서 마틸다와 친구는 좌절한다. 인간이 불가능한 것에 도전하며 자신의 능력을 키워 나가는 노력 자체가 다 소용없다고 생각했기 때문이다.

마틸다의 남자친구 　　봐, 나에게 미래란 없어. 저 로봇보다 잘할 수 있는 게 하나도 없거든.

마틸다 　　(골프장에서 도움을 주고 있는 인공지능 로봇을 보면서) 저게 다 무슨 소용이야. 걔네들이 치면 항상 홀인원일 텐데. 그렇지만 하는 일이라곤 가방 나르기지. 뭐랄까…… 페라리를 골프카로 쓰는 것 같잖아.

드라마 〈Humans〉에서는 사람을 위해 만들어 낸 인공지능이 조금씩 인간 세계에 균열을 만들어내고, 인공지능이 일뿐만 아니라 더 좋은 엄마, 그리고 더 좋은 의사가 될 수 있음을 보여 준다. 인공지능이 생활화된 사회가 온다면 우리의 일자리는 어떤 변화를 맞게 될까?

음미하며 천천히 먹기

AI는 인간을 노동에서 해방시켜 줄 수 있을까?

사회자

백분토론 시간입니다. 오늘은 과학기술이 발전하면서 기계가 인간의 일을 대신하는 사회가 오면, 인간의 자유로운 삶이 가능할지에 대해 의견을 나누도록 하겠습니다.

찬성 측

인간은 주어진 24시간 중에 상당히 많은 시간을 노동에 소비하고 있습니다. 그런데 기계가 일을 대신해 준다면 지금보다 더 많은 시간을 자신을 위해 사용할 수도 있고, 창의적이고 특별한 일에 시간을 투자할 수도 있을 것입니다.

반대 측

저는 그 생각에 반대합니다. 인간의 일을 기계가 대신하게 되면 인간은 더욱 게을러질 것이고, 사소한 일도 기계에게 의존하게 될 것입니다. 결국 기계가 없으면 아무런 일도 할 수 없는 상황에 빠지면서 주체적이지 못한 삶을 살아가게 될 것입니다.

01 사회자의 질문에 대해 두 사람은 각각 어떤 주장을 펼치고 있는지 정리해 보세요.

- 사회자의 질문: 과학기술의 발전으로 ____________가 ____________의 일을 대신하면 인간은 자유로워질까요?

인간은 자유로워질 것이다.	인간은 주체적이지 못한 삶을 살 것이다.
• 인간은 남는 시간을 자신을 위해 사용할 수 있다.	• 인간은 게을러질 것이고, 기계에 의존하게 될 것이다.
• ____________________	• ____________________
____________________	____________________
• ____________________	• ____________________
____________________	____________________

02 다음은 〈월-E〉의 장면입니다. 애니메이션 속에서 미래 사람들은 움직이는 의자 위에서만 생활하고, 인공지능 로봇의 도움에 전적으로 의지해서 생활합니다. 그렇다 보니 몸은 비대해지고, 민첩하게 움직이지 못하는 체형으로 바뀌었으며, 로봇 없이는 생활할 수가 없는 지경에 이릅니다. 왜 이러한 현상이 일어났는가에 대해, 앞의 글에 드러난 찬성 측과 반대 측 주장을 이용하여 원인과 해결방안을 도출해 보세요.

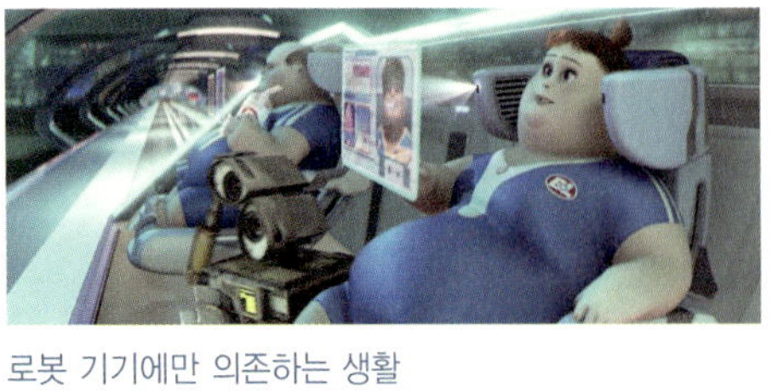

로봇 기기에만 의존하는 생활

역대 선장들의 모습의 변화

- 원인:

- 해결방안:

가사 도우미 로봇
출처: 구글 이미지

사회자

안녕하십니까. 막장토론입니다. 오늘은 '로봇은 인간을 행복하게 할 것인가?'라는 주제로 토론을 진행하겠습니다. 찬성 측이 먼저 말씀하시고, 그다음에 반대 측에게 기회를 드리겠습니다. 시간은 5분으로 제한하고 있으니 꼭 지켜 주시기 바랍니다. 그럼 찬성 측의 발언을 먼저 듣겠습니다.

찬성 A

인류는 지금껏 노동에 많은 시간을 쏟아 왔습니다. 또한 위험한 일을 하면서 생명을 잃는 경우도 많았죠. 그러나 로봇이 이 모든 일들을 대체하면 인류는 노동으로부터 해방을 맞을 수가 있습니다. 여가를 즐기며 재충전을 할 수 있는 여유도 가질 수 있고, 자신을 개발할 수 있는 시간도 생길 겁니다. 청소나 설거지, 빨래 등의 집안일도 로봇이 대신해 줄 수 있어 더 많은 여성들의 사회 진출도 늘어나게 될 것입니다. 로봇이 주는 이러한 이점들 덕분에 인간은 훨씬 행복하고 풍요로운 삶을 누릴 수 있을 것입니다.

반대 A

찬성 측에서 말씀하신 바와 같이 로봇이 인간의 노동을 대신한다면, 일자리가 없어질 것은 당연합니다. 공장의 생산 시설도 로봇이 대신하고, 택시나 버스 운전도 로봇이 대신하는 사회를 상상해 보십시오. 그 일에 종사하는 사람들은 하루아침에 일자리를 모두 잃게 될 것입니다. 인간에게 노동은 단순한 일 그 이상입니다. 학생들에게는 장래 희망이라는 목표가 되기도 하고, 자신이 하는 일을 통해 사회적으로 인정받는 직위를 얻기도 합니다. 노동과 일은 인간이 살아가도록 만드는 수단인 동시에 목표이기도 합니다. 그런 일자리를 로봇들이 빼앗아 간다면, 인류는 불행해질 것입니다. 결론적으로 로봇은 인간의 행복을 박탈할 것입니다.

생산 현장에서 일하는 로봇 팔
출처: 구글 이미지

찬성 B

반대 측의 주장은 매우 극단적입니다. 로봇이 모든 일자리를 빼앗을 거라는 상황을 전제하고 있어요. 그러나 로봇을 생산하고, 프로그램을 입력하고, 대체하는 것을 심의하는 것은 결국 인간입니다. 오히려 로봇 관련 일자리들이 늘어나게 될 것이고, 새로운 분야의 관련 사업이 발달하면서 새로운 일자리들이 다양하게 만들어질 것입니다. 힘들고 어려운 일에 로봇을 투입하자는 것이지, 모든 일에 로봇을 투입하자는 말은 아닙니다.

반대 B

당연히 모든 일자리에 로봇을 투입해서는 안 되죠. 그러나 로봇 회사는 더욱 다양한 기능을 지닌 로봇을 생산해 낼 것이고, 공장은 노동력에 한계가 있는 인간 대신 피곤함을 전혀 느끼지 못하는 로봇을 이용하려고 할 것입니다. 이윤을 추구하는 자본주의 사회에서 이것은 당연한 결론입니다. 다시 한번 더 강조드리지만, 인간이 일을 통해 얻는 만족감을 무시해서는 안 됩니다. 열심히 일을 한 후에 좋은 결과를 얻었을 때의 성취감과 자신의 능력을 인정받았을 때의 만족감을 생각해 보십시오. 이 모든 희열을 로봇이 빼앗아갈 수도 있다는 것을 말씀드리고 있는 것입니다. 예를 들어, 자신의 집 정원을 손수 가꾸고 예쁘게 꾸미는 것은 힘든 노동이기도 합니다. 그러나 그것을 통해 내가 살 집을 스스로 가꾼다는 정서적 만족감을 느끼는 것이 인간입니다. 이런 만족감을 로봇이 빼앗아 갈 수도 있습니다.

사회자

(말을 끊으며) 반대 측, 시간을 너무 많이 사용하고 계십니다. 간단하게 말씀해 주세요. 초과한 시간만큼 찬성 측이 더 말씀하실 기회를 드리겠습니다. 찬성 측 말씀해 주십시오.

애완 로봇

찬성 C

사회자님, 감사합니다. 반대 측 의견 잘 들었습니다. 하지만, 로봇도 인간에게 정서적 만족감을 줄 수 있습니다. 애완동물 로봇, 의료 케어 로봇, 육아 보조 로봇 등은 인간에게 정서적인 만족감을 주고 있습니다. 얼마 전, 독거노인들에게 지급된 아이 모형의 로봇은 노인들에게 약 먹을 시간을 알려 주거나, 날씨를 알려 주고, 노래를 불러 주는 등의 활동을 통해 노인들의 정서를 안정감 있게 유지시켰습니다. 이러한 로봇을 만들어 보급한다면 인간들은 훨씬 큰 행복감을 느낄 수 있을 겁니다.

반대 C

하나만 알고 둘은 모르시는 말씀입니다. 인간은 사회적 동물이고, 서로의 관계 안에서 살아왔습니다. 로봇과 대화하고, 로봇과 밥을 먹고, 로봇과 24시간을 지내다 보면, 다른 사람과 대화할 시간이 없어도 되는 지경에 이르게 됩니다. 사회의 대부분의 사람들이 사람들과 교류를 하는 대신 로봇과만 소통한다면 어떻게 되겠습니까?

찬성 A

사회자께서 좀 더 주신 시간을 지금 쓰고 싶은데 괜찮을까요? (사회자의 허락을 받고) 반대 측은 너무 극단적인 상황만을 계속해서 주장하고 계십니다. 로봇이 모든 일자리를 빼앗고 인간을 비참하게 만들 거라는 식의 발상은 너무 자극적이기도 합니다. 로봇은 그저 인간의 힘든 노동의 고통을 덜어 주고, 위험한 일에서 해방시켜 주며, 매일 해야 하는 귀찮은 일들을 대신해 주는 보조적인 역할만 하도록 하면 됩니다. 아침을 대신 만들어 주고, 청소를 대신해 주는 로봇을 생각해 보세요. 그런 로봇이 있다면 얼마나 행복하겠습니까?

사회자

(말을 끊으며) 네네, 알겠습니다. 의견은 충분히 들었으니, 지금부터는 방청객들의 질문을 들어 보겠습니다. 질문 있으신 분 손 들어 주십시오.

찬성 측과 반대 측 중, 어떤 쪽의 주장이 더 설득력 있다고 생각되나요? 그 이유도 함께 써 보세요.

꼭꼭 씹어 확실히 먹기 AI가 인간의 설 자리를 모두 빼앗는다!

테슬라의 CEO 일론 머스크

(가) 2018년 4월 테슬라의 CEO 일론 머스크는 자신의 트위터에 이런 글을 올렸다. "테슬라의 지나친 자동화 시스템의 도입은 실수였습니다. 정확히 말해서, 저의 실수였습니다. 인간은 지나치게 과소평가되고 있어요." 이와 같은 그의 고백은 자신의 자동차 공장 테슬라에서 벌어진 실수에서 온 뼈아픈 자책이었다.

테슬라는 캘리포니아 주 프리몬트에 완전 자동화 시스템을 도입하고, 인간 대신 인공지능 로봇을 이용하여 일주일에 5,000대의 자동차를 생산할 수 있는 미래형 공장을 건설했다. 그러나 실제 자동차 생산 대수는 2,000대에 그쳤고, 인공지능 로봇이 정교하기는 하지만 생산속도를 높이지는 못한다는 결론에 이르렀다. 결국 테슬라는 로봇을 대체할 수백 명의 인력을 다시 고용하면서 이중의 비용을 감수해야만 했다.

이런 실수를 테슬라만 겪은 것은 아니었다. 최근 완전 자동화를 시도했던 많은 회사들이 이와 비슷한 시행착오를 겪었다. 인공지능 자동화 시스템을 도입한 기업을 대상으로 분석한 결과, 인력을 기계로 대체하는 것보다 인간과 기계가 함께 일했을 때 가장 좋은 성과를 거두었다. 기계는 인간이 할 수 없는 지구력과 섬세함을 갖추었으며, 인간은 다양한 경험을 바탕으로 갑자기 벌어지는 돌발 사태를 대비할 수 있었다. 결국 인간과 기계가 함께 협업할 때 최고의 성과를 거둘 수 있다는 결론이 도출된 것이다.

(나) 제레미 리프킨은 지금으로부터 약 30여 년 전 『노동의 종말』(1995)이라는 책에서 멀지 않은 미래에 인간의 일자리가 기계에 의해 모두 빼앗길 수도 있다는 엄중한 경고를 한 바 있다.

20세기 초 미국에서 기계의 출현 때문에 가장 큰 타격을 입은 계층은 흑인 농부였다.

아무리 숙련된 농부라도 한 시간 동안 목화를 20파운드 이상 따는 것은 불가능했다. 그러나 목화 따는 기계는 한 시간 안에 1,000파운드의 목화를 딸 수도 있었다. 일꾼 50명이 할 수 있는 일을 기계 한 대가 모두 해내는 시대가 된 것이다. 목화 따는 일에서 기계가 흑인들의 일자리를 모두 빼앗는 데에는 불과 24년밖에 걸리지 않았다. 이후 트랙터와 제초제 등이 연달아 등장하면서 흑인들은 하루 아침에 모든 농장의 일자리를 잃게 되었다.

제레미 리프킨

흑인들은 자동차 공장으로 일자리를 옮겨 갔다. 그러나 목화 따는 기계가 자신들의 일자리를 빼앗았던 것처럼 이번에는 컨베이어 벨트가 그들의 일자리를 빼앗아 갔다. 자동화 시스템은 그들이 종사했던 일의 가짓수를 줄이기 시작했고, 급기야 소수의 인력만으로 자동차를 만들 수 있게 되었다.

흑인들은 또다시 서비스 직종으로 눈을 돌렸다. 하지만, 이미 그 일자리에는 고학력의 백인들이 자리 잡고 있었다.

제레미 리프킨은 이와 같은 미국 흑인들의 실직의 역사가 곧 우리 모두에게도 통용될 것이라고 경고한다. 결국 우리의 일자리는 모두 소멸될 수도 있다는 것이 그의 주장이다.

일론 머스크(Elon Musk)	제레미 리프킨(Jeremy Rifkin)
어린 시절, 판타지나 공상 과학 소설에 심취해 하루 10시간씩 독서하는 책벌레로 유명했다고 한다. 마블에서 제작한 영화 〈아이언맨〉 시리즈의 주인공 로버트 다우니 주니어가 토니 스타크라는 캐릭터를 연기하기 위해 소재를 찾던 중 천재이면서, 억만장자이고, 혁신가의 이미지를 가진 일론을 모델로 삼았다고 알려져 있다.	미국의 경제학자이면서 사회학자이다. 작가로서 왕성한 활동을 계속하고 있으며, 『엔트로피』, 『육식의 종말』, 『노동의 종말』, 『소유의 종말』 등의 책을 통해 인간의 생활 방식과 현대 과학기술의 폐해를 날카롭게 비판했다. 특히 『노동의 종말』은 과학기술의 변화가 경제, 노동, 사회, 환경에 미치는 부정적인 영향에 대해 강력하게 경고한 책이다.

(가)와 (나)가 기계를 바라보는 관점의 차이는 무엇인지 친구들과 이야기 나누어 봅시다. 여러분은 어떤 의견에 더 동의하나요? 이유를 들어 여러분의 입장을 정리해서 써 보세요.

인간만이 할 수 있는 것

(가) 러다이트 운동(Luddite Movement)은 1811~1871년에 일어난 기계 파괴 운동을 말한다. 당시에는 방직기기가 일거리를 빼앗아 가고 있다는 위기감이 노동자들 사이에서 팽배해지고 있었는데, 두려움을 느낀 사람들은 급기야 대규모로 기계 파괴 운동을 벌이기 시작한다. 대중들은 러다이트 운동에 지지를 보냈고, 시인 바이런과 같은 많은 지식인들 역시 노동자의 요구에 지지를 표했다. 그러나 기계 생산은 시대적인 흐름이었다. 러다이트 운동은 산업 혁명으로 자본주의 시장경제가 자리 잡아 가던 시기에 노동자들이 벌인 최초의 노동 운동이라는 의미를 갖는다.

러다이트 운동
출처: Wikipedia

(나) 철학자 헤겔(Hegel)은 "인간은 자신의 노동으로서 인간성을 부여하면서 자신에 대한 모든 복종으로부터 점차 해방되어 스스로 인간답게 된다."라고 할 정도로, '일'과 '노동'의 의미를 중요하게 여겼다. 또한, 묵자(墨子)는 "자기 노동에 의지하는 자는 살고 자기 노동에 의지하지 않는 자는 살 수 없다."라고 하면서, '일'과 '노동'을 인간 생활의 근본으로 생각했다. 우리는 자신의 일 혹은 직업을 통해 삶을 꾸려 나가고, 자신의 사회적 정체성을 표현하기도 한다. 이처럼 일과 노동은 인간을 인간답게 만들어 주는 매우 중요한 수단이 된다.

(다) 창의성을 발휘해야 하는 일자리는 인공지능이 쉽게 넘보지 못할 거란 시각이 주된 것이었지만, 최근엔 소설 쓰기·작곡 등 창의적인 영역에도 AI가 침투하고 있다. 이런 가운데 영국 BBC가 최근 흥미로운 분석을 내놨다. 방송은 "AI와 로봇이 많은 산업

에서 인간을 대체하게 되겠지만, 무엇보다 사람의 '감정'이 중요한 직업에서는 로봇이 인간을 대신할 수 없을 것"이라며 "인간을 실제로 이해하고 소통하는 능력에 있어 AI는 인간과 거의 경쟁할 수 없다."라고 보도했다. "인간의 얼굴과 목소리로 감정을 인식할 수 있는 소프트웨어가 개발 중이긴 하지만 '진정한 공감(genuine empathy)'은 아직 멀었다."라는 것이다.

이런 일자리 중 대표적인 것으로는 '의료'와 '교육' 부문을 꼽았다. 로봇 의사가 의료 부문 일자리를 잠식할 거란 우려가 커져 왔지만, 세계보건기구(WHO)의 최근 보고서에 따르면 외려 2030년까지 전 세계적으로 4,000만 명의 의료 종사자가 새로 필요할 것으로 보인다. 고도의 기술을 가진 의사뿐 아니라, 환자를 돌보고 아픔에 공감해 줄 의료 인력을 포함한 수치다.

방송은 "이러한 직무는 로봇이 대신 하기 힘들며 앞으로 수십 년 동안 '감정적인 기술'을 가진 노동자가 설 자리는 늘어날 것"이라고 전했다. 감정적인 기술, 즉 소통하고 공감하는 능력이 있는 의료진에 대한 수요는 더욱 증가할 것이란 얘기다.

임주리, 「AI 시대, 살아남을 일자리는? … 결국 '소통하고 공감'하는 능력」, 『중앙일보』, 2017. 8. 3.

01 인공지능 로봇이 힘들고 위험한 일을 대신해 주고, 사소한 일들을 모두 알아서 처리해 준다면, 인간은 더 많은 시간을 절약하게 될 것입니다. 그렇다면, 우리는 남은 시간을 이용해 어떤 일들을 하게 될지 써 보세요.

02 인공지능 시대의 인간의 '일'과 '노동'은 어떤 방향으로 나아가게 될지 생각해 보세요. 그리고, (다)를 참고해서 인공지능보다 인간이 가진 뛰어난 능력에는 어떤 것이 있을지 생각해 보고, 우리가 키워 가야 할 경쟁력은 무엇일지 써 보세요.

AI 로봇과 일자리 나누기

인간은 인류 역사의 흐름 속에서 노동으로부터 자유를 얻었던 적이 없었습니다. 원시시대에는 생존을 위한 사냥과 채집을, 농업 혁명 시기에는 농사에 모든 노동력을 쏟아부어야 했습니다. 산업 혁명이 일어나면서부터 상당 부분의 노동이 기계에 대체되었다고는 하지만, 여전히 인간은 자신의 노동을 통해 삶을 영위해 나아가고 있습니다. 만약, 로봇이 인간의 일을 대신해 준다면 어떤 일이 일어날까요? 힘들고 고된 일들은 모두 로봇이 알아서 해 주겠지요. 귀찮을 일들도 로봇이 대신해 줄 겁니다. 그동안 인간이 노동에 쏟아부었던 시간들이 온전히 우리에게 주어질 때 우리는 어떤 삶을 선택하게 될까요?

앞서 살펴보았던 것처럼, 노동으로부터 자유를 찾은 인간은 한없이 나태한 삶을 살 수도 있습니다. 또한 직업을 통해 사회적 정체성을 획득하고 삶의 목표를 실천하던 인간에게 지향점이 없어질 수도 있겠지요. 그러나 노동으로부터 자유로워진 인간은 가족과 나를 위해 쓸 시간이 많아지게 될 것입니다. 또 로봇이 하지 못하는 고차원적인 탐구에 투자할 시간이 늘어나겠지요. 예를 들면 철학과 예술 그리고 우주에 대한 탐구와 자연에 대한 고찰 등과 같은 것 말입니다.

인류의 미래는 우리가 스스로 만들어 가는 것입니다. 중요한 것은 인간의 의지가 아닐까요?

PART 03

AI와 의학

he age of artificial intelligen

03

AI와 의학

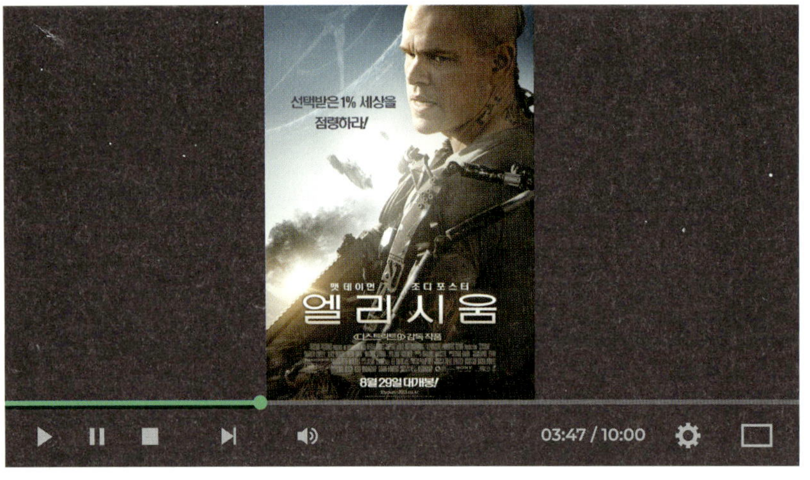

<엘리시움>, 닐 블롬캠프, 미국, 2013.

인공지능을 탑재한 의료장비들 덕분에 어떤 질병이라도 완벽하게 치료할 수 있는 미래 사회를 그리고 있는 영화다. 그러나 단 1%에 해당하는 사람들만이 사는 엘리시움에서만 이러한 의료 혜택을 누릴 수가 있으며, 지구에 남겨진 가난한 사람들은 치료의 혜택을 받을 수가 없다. 엘리시움의 사람들은 의료 혜택을 독점하고 나누려 하지 않으면서 지구의 사람들과 갈등을 빚는다.

인공지능 애피타이저

AI가 가져온 무병장수의 시대

영화 〈엘리시움〉은 인구폭등과 환경문제로 황폐해진 2154년의 로스앤젤레스를 배경으로 한다. 더 이상 지구에서는 인간다운 삶을 누릴 수 없다고 판단한 부자들은 새로운 삶의 터전인 지구 밖 엘리시움이라는 유토피아를 만들어 떠난다. 엘리시움에서는 단 몇 초간의 스캐닝으로 병명을 알아내고 완벽한 치료를 할 수 있는 의료기기가 개발되어, 시민들은 무병장수의 꿈을 현실 속에서 누리며 살아간다. 그러나 지구에 남겨진 가난한 사람들은 질병으로 고통 받기 일쑤여서, 엘리시움에 들어가 치료를 받기 위해 목숨을 거는 사람들도 생겨난다.

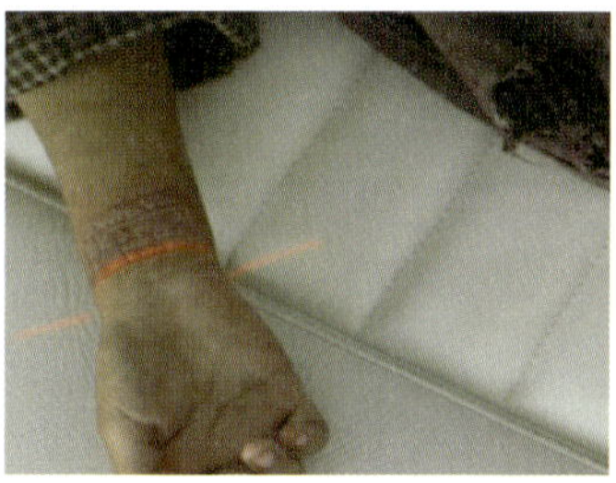

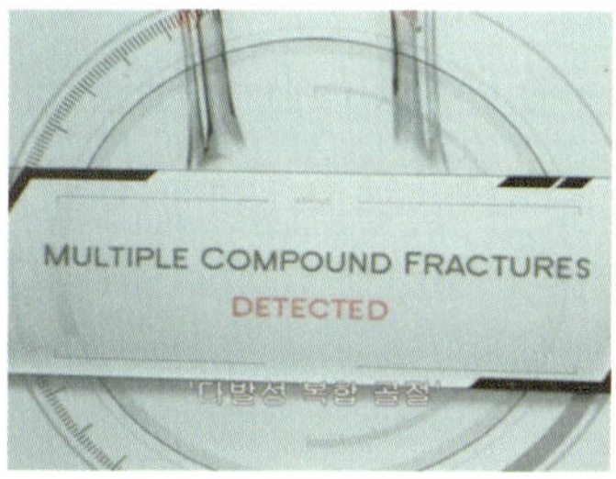

인공지능 로봇　시민 신원 확인. 스캐닝.

(진단. 다발성 복합 골절)

치료를 시작합니다.

치료가 끝났습니다.

하반신 마비로 걷지 못하는 장애를 가진 사람이 엘리시움의 치료 장비의 도움을 받아 다시 걷게 된다면 어떤 기분일까요?

지구에서 살아가던 맥스는 공장에서 일을 하는 도중 방사능에 노출되어 시한부 인생을 선고받는다. 산업재해로 죽을 위기에 처했지만, 사장은 자신의 공장운영에 부정적인 영향을 미칠 것을 염려하여 맥스를 내쫓아 버린다. 드로이드라는 로봇이 쓰러진 맥스를 진단하지만, 로봇은 그가 살아갈 날까지 버틸 수 있는 진통제 몇 알만을 처방해 줄 뿐이다. 엘리시움에서 치료를 받는다면 회생할 수 있겠지만, 지구에서 맥스가 할 수 있는 일은 아무것도 없었다.

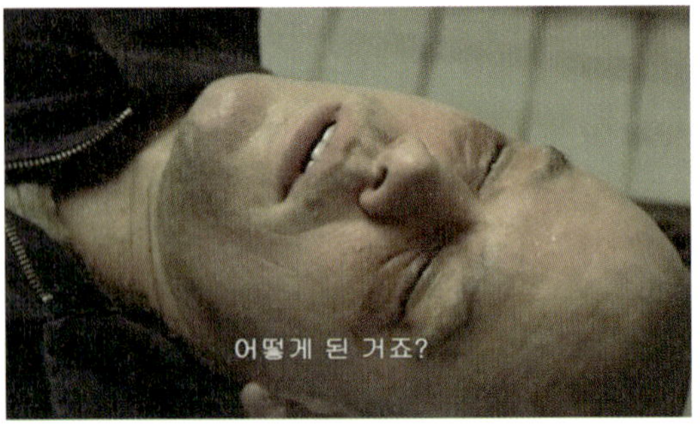

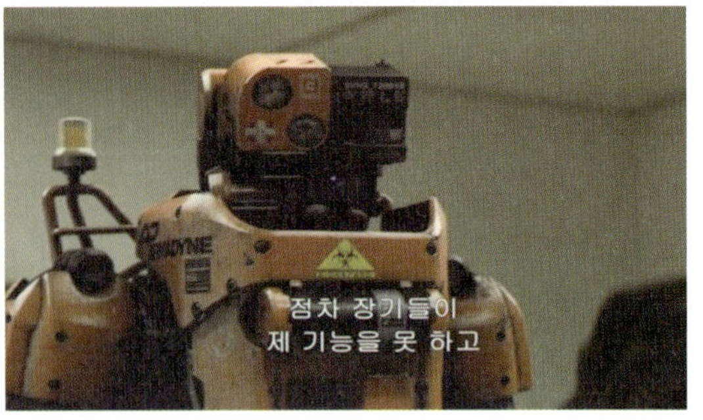

미래 사회에서 의료 혜택은 더 평등해질까요, 아니면 더욱 불평등해질까요?

맥스 어떻게 된 거죠?

인공지능 로봇 치명적인 방사선에 노출됐다. 점차 장기들이 제 기능을 못 하고 5일이 지나면 죽을 거다. 약을 받으려면 여기 사인해라. 강력한 진통제라 죽기 전까지 정상 생활이 가능하니 끼니때마다 한 알씩 먹도록. 그동안 수고했다.

맥스는 엘리시움에 사는 사람들만 누리는 의료 기술들이 불공평하다고 느끼고, 인간이라면 누구나 공평하게 치료를 받을 수 있는 기회를 가져야 한다고 생각한다. 맥스는 자신에게 남은 삶을 지구에 남겨진 사람들을 위해 쓰기로 결심하고, 우여곡절 끝에 엘리시움의 의료 시스템에 접근한다. 결국 맥스는 모든 사람들이 공평하게 의료 혜택을 받을 수 있도록 시스템을 재설정하는 데 성공한다.

엘리시움에 사는 상위 1%의 사람들은 완벽한 의료 시스템 덕분에 아프지도 늙지도 않는다. 영화 〈엘리시움〉에서처럼 인공지능으로 모든 병을 고칠 수 있는 세상이 온다면, 인간의 삶은 어떻게 변화할까? 인공지능을 이용한 의료 서비스가 보편화 된다면 우리의 삶은 어떤 변화를 맞이하게 될까? 인류는 모두 무병장수의 삶을 살아갈 수 있을까?

음미하며 천천히 먹기

신개념 의학기술을 이용한 헬스의료 시대

(가) 사람은 누구나 건강하고 안전하게 생활하기를 희망한다. 그렇게 되기 위해서는 주요 질병에 대한 진단과 치료 기술들을 확보하고 생활 안전은 물론 재해, 재난으로부터 안전해야 하며, 테러 및 전쟁으로부터도 안전한 사회를 구현할 수 있어야 한다.

미래에는 생명 공학과 의료 공학의 융합으로 개인 맞춤형 질병 예방과 치료가 가능해질 것이다. 또 인공 장기의 보편화로 장애인 비율은 감소하고 수명은 획기적으로 증가하게 될 것이다. 이와 관련된 기술을 신개념 의학기술이라고 한다. 정신 질환 및 노인성 질환 치료는 뇌 연구 및 뇌 질환 치료 기술을 통해 해결될 것으로 전망되며, U-Health 기술을 통한 원격 수술, 나노미터 크기의 나노로봇에 의한 질병 치료, 실버 산업을 통한 의료 및 건강 서비스 등은 고령화 사회에서도 건강한 삶을 사는 데 도움을 줄 것이다.

이상인 외, 「과학과 인류 문명」, 『중학교 과학 3 교과서』, 지학사, 383쪽.

(나) 미래 생명 기술은 다양한 기술 분야와 융합하여 우리 생활을 크게 변화시킬 것이다. 특히 의료 분야에서 눈부신 변화가 예상된다. 의료용 나노 로봇의 등장으로 큰 질병을 수술 없이 치료할 수 있고 각종 바이오센서의 개발로 유비쿼터스 건강 관리가 이루어짐으로써 병원에 가지 않아도 실시간으로 의사의 진료와 처방을 받을 수 있다. 또한, 인간 게놈 분석을 통한 맞춤형 유전자 치료가 대중화됨으로써 유전적 결합이나 각종 질병, 장애를 예방하고 치료할 수 있을 것이다.

최유현 외, 「생명기술과 미래 기술」, 『중학교 기술가정 2 교과서』, 지학사, 221쪽.

(다) 정보 통신 기술의 발달로 병원을 방문하지 않고 가정이나 군부대 등 다양한 곳에서 바로 의료 정보를 받거나 진료를 받을 수 있는 원격 진료 기술이 발달하였다. 또한, 건강에 관한 관심이 많아지고 노인 인구가 증가하면서 관련 분야의 산업이 스마트

기기와 결합한 모바일 헬스 케어 및 웨어러블 헬스 기술이 발달하고 있다.

초창기의 수술 로봇은 수술 카메라의 위치를 잡거나 수술 기구의 위치를 정해 주는 의사의 보조 역할을 하는 데에 불과했다. 하지만 지금은 의사가 모니터로 3차원 수술 영상을 보고 원격으로 로봇을 제어하며 수술을 집도한다. 이를 통해 기존 수술 방식으로는 매우 어렵거나 불가능했던 다양한 수술이 가능하게 되었다.

이철연 외, 「첨단 기술의 세계」, 『고등학교 기술가정 교과서』, 미래엔, 129쪽.

01 (가)에 제시된 다음의 용어가 의미하는 내용은 무엇일지 정리해 보세요.

나노 로봇	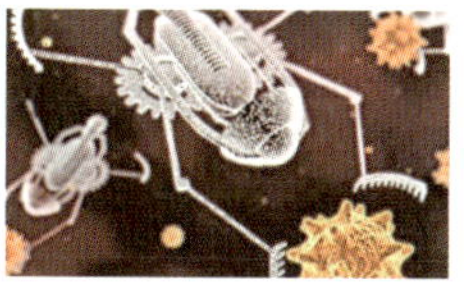	
U-Health	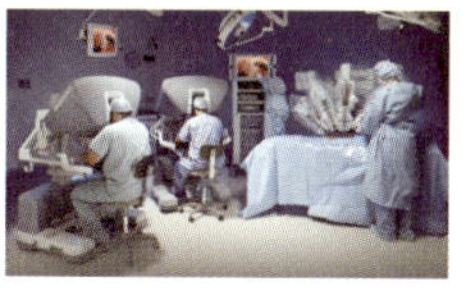	
실버 산업		

02 (나), (다) 그리고 〈보기〉의 신문기사가 설명하고 있는 과학기술들을 정리해 보고, 이러한 기술들이 가져올 미래의 모습은 어떠할지 상상해서 써 보세요.

〈보기〉

줄기세포 정밀 전달 · 이식 마이크로로봇 개발

DGIST 최홍수 교수, "알츠하이머 치료 효율 높일 것"

국내 연구진이 원하는 신체조직에 정밀하게 세포를 전달할 수 있는 줄기세포 전달용 스케폴드 마이크로로봇을 개발했다. 줄기세포치료는 난치성 질환 치료를 위한 재생의학으로 각광받고 있는 치료방법이지만 치료가 필요한 부위가 체내 깊숙한 곳이거나 주입 시 위험이 따르는 부위에 정확한 양의 줄기세포를 원하는 곳에 이송이 어렵다는 단점이 있다. 특히 체내 줄기세포 전달 과정에서 유실량이 많아 치료효율과 안전성이 낮다는 점, 치료 비용이 높다는 점이 한계로 지적돼 왔다. 연구팀은 이러한 한계를 극복하기 위해 3D 레이저 리소그라피 공정으로 구형(Spherical)과 나선형(Helical) 2가지 형태의 스케폴드 마이크로로봇을 고안했다.

외부자기장을 이용한 무선제어방식으로 체내에서 세포 유실량을 최소화하면서 줄기세포를 빠르고 정밀하게 이송할 수 있는 것이 이번 연구의 가장 큰 성과라는 게 연구팀의 설명이다. 기존 마이크로로봇 연구들은 생리학적 환경이 아닌 정적인 외부 환경에서만 테스트를 한 반면, 이번 연구에서는 세계 최초로 마이크로로봇에 해마신경줄기세포를 직접 배양해 이를 성상교세포, 희소돌기신경교, 뉴런과 같은 원하는 특정 세포로 분화시켜 원하는 표적에 정밀하게 전달·이식에 성공했다.

최홍수 교수는 "이번 연구결과를 통해 기존의 줄기세포 치료 방법으로는 접근하기 어려웠던 알츠하이머와 같은 중추신경계 치료 효율과 성공률을 높일 수 있을 것"이라며 "앞으로도 지속적으로 병원 등 관련 기업과 후속 연구를 진행해 실제 의료 현장에서 활용될 수 있는 마이크로로봇 기반 정밀치료시스템을 개발하는 데 노력하겠다."라고 말했다.

최성훈, 「줄기세포 치료 효율 높이는 전달체 등장… 의료기 상용화 기대」, 『E헬스통신』, 2019. 6. 14.

구분	과학기술
(나)	의료용 나노로봇, 바이오센서, 맞춤형 유전자 치료
(다)	
〈보기〉	

- 이러한 기술들이 가져올 미래의 모습: ______________________________

____

꼭꼭 씹어 확실히 먹기 인공지능 의사 왓슨, 드디어 한국에 오다

(가) 인공지능 의사 왓슨 소개 동영상

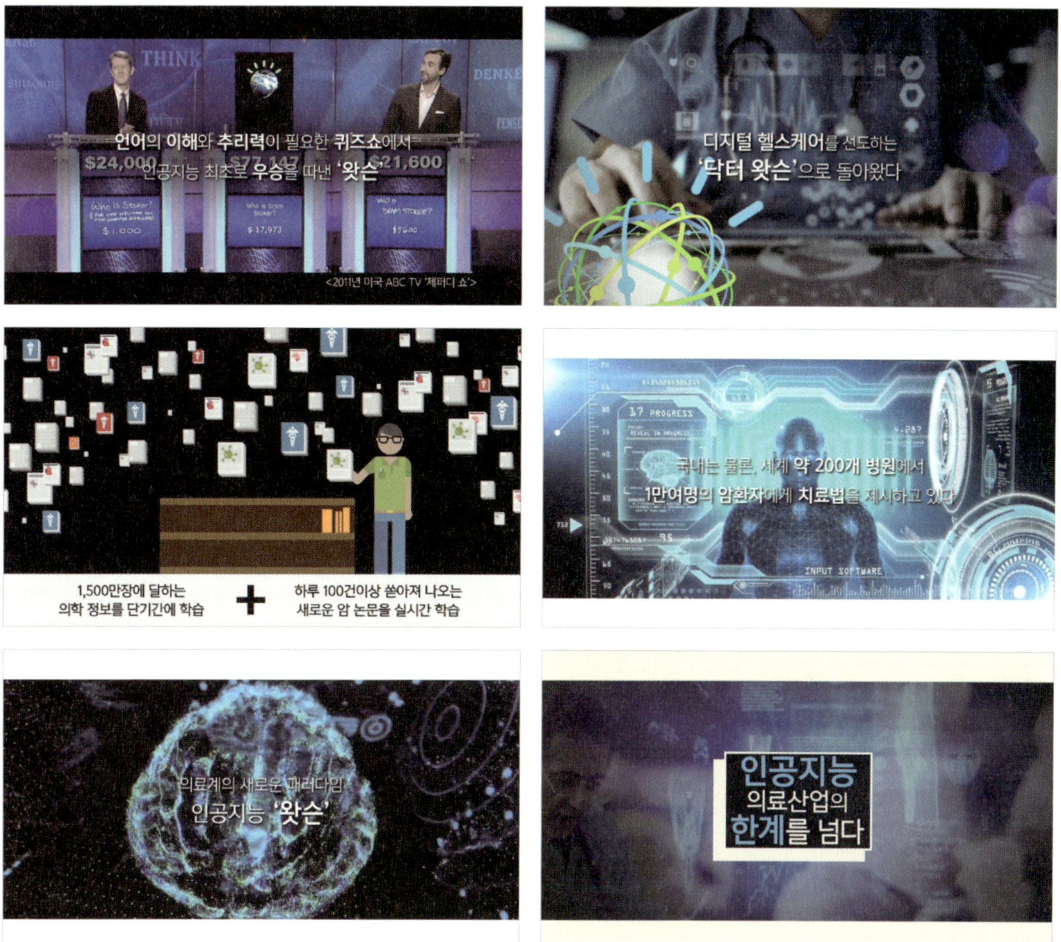

출처: 산업방송 채널i, '인공지능 왓슨' 편

인공지능 왓슨, 암진단 정확도 96%, 전문의보다 높아

인공지능이 전문의보다 더 높은 정확도로 암을 진단하는 시대가 도래했다. 인공지능 '알파고'의 학습 원리로 관심을 받고 있는 '딥러닝' 알고리즘이 의료 서비스에 적용되고 있다.

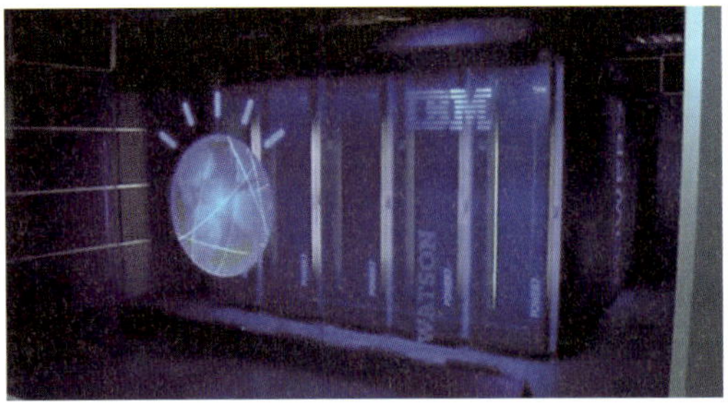

인공지능 왓슨
출처: Bing images

'인공지능의 의료 적용'에서 주제 발표자로 참여하는 이강윤 한국IBM 왓슨사업부 상무는 슈퍼컴퓨터 왓슨(Watson)을 이용한 의료 혁신을 소개한다. 그는 "인간의 뇌를 닮은 인공지능 기술인 왓슨은 스스로 추론하고 학습하면서 발전을 거듭하고 있다."라며 "의사 결정의 패러다임이 복잡성으로 한계를 드러내고 있지만, 인지 컴퓨팅 솔루션인 왓슨은 헬스 케어 분야에서 임상 통찰력을 향상시키고 있다."라고 말했다. 현재 왓슨은 미국 앤더슨 암센터에서 암진단 정확도 개선에 이용되고 있다. 정확도가 96%로 전문의보다 높다는 평가를 받고 있다.

그는 왓슨이 진료의 정확한 진단과 결과를 만들어 내고 유전체 의학과 개인형 맞춤 의학을 발전시키고 신약 개발과 치료법 개발 과정에서 혁신을 만들어 가고 있다고 전했다. 그는 이번 발표에서 왓슨이 의료 분야에 적용되어 운영되는 사례를 살펴보고 향후 발전 방향을 논의한다.

주영재, 「인공지능 왓슨, 암진단 정확도 96%… 전문의보다 높아」, 『경향신문』, 2016. 3. 29.

(나) 인공지능 의사 IBM 왓슨 포 온콜로지, 어떤 역할을 담당하나?

의료계의 인공지능에 관련하여 처음 언급된 것은 2012년 선마이크로시스템스의 창업자인 비노드 코슬라라는 사람이 말한 닥터 알고리즘(Doctor Algorithm)이었다. 그는 많은 데이터를 취급할 수 있으며 강한 연산 능력을 갖춘 기계가 평균적인 의사보다 더 정확하고 객관적일 수 있다고 언급했다.

IMB 왓슨은 2012년 3월부터 가장 큰 사립 병원인 뉴욕의 '메모리얼 슬론 캐터링 암센터(Memorial Sloan Kettering Cancer Center: MSKCC)'와 협업을 통해 암의 치료를 학습하고 있다. 왓슨은 300개 이상의 의학 저널, 200권 이상의 의학 서적, 1,500만 페이지 이상의 방대한 자료를 학습해 왔다. MSKCC의 의료진들은 왓슨이 제대로 된 정보를 학습할 수 있도록 자료를 가려 주거나 수정하는 일을 맡고 있다.

왓슨 포 온콜리지(Watson for Oncology)의 기능은 환자의 진료 기록과 의료 데이터를 바탕으로 가능한 치료법을 제시해 주는 것이다. 의료진이 입력한 데이터를 바탕으로 어떤 치료가 추천되는지를 세 가지로 나누어 보여 준다. 진단하는 기능은 없으며 진료를 보조하는 역할을 하므로 IBM은 '왓슨은 의사를 대체하지 않는다. 의사의 역할을 강화하는 것이 왓슨의 역할이다.'라고 소개하곤 한다.

인공지능의 의료 적용
출처: Bing images

왓슨 포 온콜리지의 특징은 2015년 기준으로 하면 하루 평균 약 122개의 새로운 논문을 인간이 따라갈 수 없으나 왓슨은 이런 연구 결과를 치료 선택에 빠르게 반영할 수 있다는 것이다. 한 가지 유의할 점은 이런 학습이 자동으로 이루어지는 것이 아니며 MSKCC의 종양학 전문의들의 관여하에 훈련이 이루어진다는 것이다. 현대 왓슨이 다루는 암종은 13가지이며 그 종류가 점차 늘어나는 추세이다. 2017년 ASCO에서는 IBM 왓슨과 관련한 5개의 논문이 발표되었는데, 인천 길병원이 발표한 자료에 의하면 대장암 환자 340명 중 수술 후 보조요법 85%, 전이성 대장암 치료 40% 일치율을 보였고, 위암 90명에 대해서는 49%의 일치율을 보였다.

왓슨은 미국 의료의 데이터를 학습했기 때문에 인종의 차이를 반영하지 못하는 경우가 있다. 또한 왓슨이 권하는 치료법이 우리나라 의료 보험 급여 인정 범위를 벗어나는 경우가 있어 실제 진료에서 사용하기 어려운 면도 있다. 이런 어려움을 극복하기 위해 왓슨을 도입한 병원에서는 다학제 진료를 시행함으로써 왓슨에 대한 환자의 기대를 충족시키려 노력을 하고 있다.

다학제 진료는 암 치료 관련 전문의 3인 이상과 환자 및 보호자가 대면 진료하는 것으로 사전에 환자의 진료 자료를 검토하고 치료 방향에 대해 논의를 거친 후 시행한다. 이때 왓슨을 활용하면 똑같은 상황에서 세계적 수준의 암센터에서는 어떻게 치료하는지를 비교 설명함으로 치료 방침에 대한 신뢰도를 높일 수 있다. 왓슨은 많은 양의 의학 정보를 습득하였으므로 의료진이 간과할 수 있는 어떤 정보를 제공해 줄 수도 있다.

출처: Bing images

하지만 그 의견을 다 수용하는 것은 의료보험 체계 내에서 진료해야만 하는 우리의 의료현실상 어렵다고 판단한다. 왓슨은 IBM에서 말하는 것처럼 의료진을 돕는 역할을 하고 있다.

이채영, 효산의료재단 샘병원, 2019. 1. 7.

(다) 인공지능 의사 왓슨이 바꿔 놓을 한국의료

두 해 전 이맘 때 도쿄 의대 병원에 60세 여성 환자가 빈혈 증세로 입원했다. 갖가지 검사 끝에 의사들은 백혈병으로 진단했다. 세부 유형은 비교적 흔한 '급성 골수성'으로 봤다. 그에 맞는 항암제를 썼지만 회복되지 않았다. '골수성'이 아니라는 얘기다. 이에 IBM 인공지능 왓슨(Watson)에 물었다. 왓슨은 수천 개의 환자 유전자 특성과 2,000만 개 논문을 비교 분석하더니, 희귀한 유형의 백혈병이라는 '정답'을 내놨다. 의사들이 2주 걸릴 일을 왓슨은 10분 만에 해결해 환자를 구했다.

의사들은 아무리 인공지능이 발달해도 환자 생명이 달린 의료 영역에서는 의사의 진료 경험과 감각이 제일 중요할 것이라고 말한다. 하지만 닥터 왓슨은 미국 유명 암센터 전문의가 진료한 1,000명의 환자 기록을 분석해 30%의 환자에서 의사들이 놓친 치료 방법을 찾아냈다. 공장용 기계가 막 개발되던 산업 혁명 초기, 굴착기가 등장하자 동네에서 힘깨나 쓰는 남자들이 "땅 파기는 우리가 더 잘한다."라며 굴착기와 대결을 벌였다가 초주검이 됐다는 얘기가 있다. 지금이 딱 그 짝이라는 생각이 든다.

인간의 2만 4,000여 개 유전자 전체를 분석하는 서비스가 곧 단돈 100달러에 상용화될 전망이다. 익명으로 사이버상에 본인 계정을 만들고, 여기에 유전자 전체 정보, 모든 진료·약물 기록을 띄우고, 스마트폰과 웨어러블 기기에서 전송하는 식이·운동·생체지표 데이터가 더해지면 완벽한 나의 의료 분신이 탄생한다. 이른바 '헬스 아바타'다. 그 안에서 마음에 드는 인공지능 의사를 골라서 미리 진단과 처방을 받아 보는 시대가 온다. 우리가 상상하지 못한 의료가 점점 다가오고 있다는 느낌이 든다.

인천 길병원에서 최근 두 달간 닥터 왓슨으로 100명 넘게 암환자를 진료했다. 의료진과 왓슨의 처방이 엇갈릴 때 자기 생명이 달린 사안임에도 암환자들 거의 모두 왓슨의 의견을 따랐다. 아직 누구의 처방이 옳았는지 알 수는 없다. 하지만 이미 환자의 신뢰는 왓슨에 더 가 있다. 길병원 교수들은 환자들의 경우 대개 집도 의사의 말을 따르는데 왓슨이라는 새로운 '의사'가 등장하고 환자가 선뜻 왓슨의 처방을 따르는 것을 보고 놀랐다고 말한다. 앞으로 인공지능 의사가 보편화 될 경우를 미리 보여 주는 상징적인 장면이다.

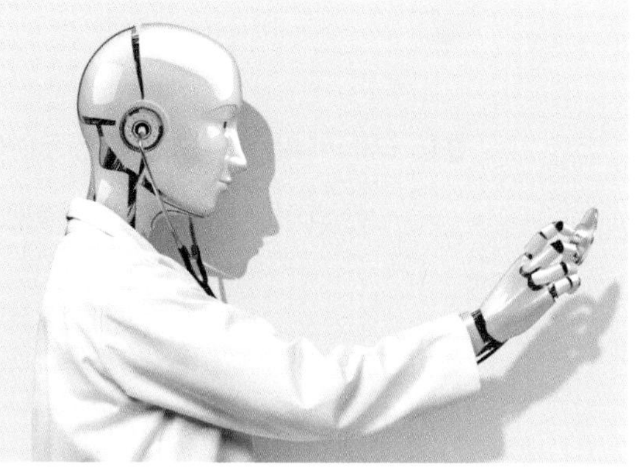

인공지능 의사
출처: Bing images

김철중, 「인공지능 의사 왓슨이 바꿔 놓을 한국의료」, 『청년의사』, 2017. 1. 23.

01 (가)~(다)는 '인공지능 로봇 왓슨'에 대한 소개입니다. 제시문의 내용을 잘 읽고, 왓슨이 인간 의사를 대체하게 된다면 어떤 점이 좋을지 친구들과 이야기를 나누어 보세요.

02 〈보기〉의 인공지능 의사 로봇 알파닥터처럼, 데이터와 확률만으로 병의 크고 작음을 판단하는 로봇이 응급실에 도입된다면 어떤 문제가 생길 수 있을지 생각해 보세요.

〈보기 1〉

어느 날, 병원 응급실로 두 사람의 환자가 실려 왔다. 한 사람은 건장한 남성이었고, 다른 한 사람은 이제 막 스무 살 정도 되어 보이는 앳된 여자였다. 인공지능 의사 로봇 알파닥터는 우선 환자들의 상태를 확인했다. 그리고 데이터를 돌려 생존 확률이 높은 남성 쪽을 선택해 먼저 수술실로 올려 보냈다. 의사는 곧바로 수술을 시작했고, 다행히 남성은 죽음의 위기를 넘길 수 있었다. 그러나 불행하게도 여성은 수술 순서가 늦어지면서 죽음을 맞게 되었다.

뒤늦게 도착한 경찰은 남성이 여성의 집에 침입한 강도였다고 말했다. 강도는 저항하던 여성을 무차별적으로 폭행하다 도착한 경찰들을 피해 달아나던 중 사고를 당한 것이었다. 경찰은 가해자가 먼저 수술실로 들어가 목숨을 건지고, 오히려 피해자가 죽는 현실이 아이러니하다고 말했다. 이 말을 전해들은 당직 의사는 알파닥터의 진단이 잘못된 것은 아닌지 다시 검토하였다. 그러나 알파닥터의 결정은 생존 가능성을 보고 판단한 것이었으며, 성인 남성 쪽이 여성보다 살아날 확률이 두 배나 높았다.

의사는 만약 자신이 이 두 환자를 먼저 확인했다면 다른 결말을 맺지 않았을까 하는 후회를 했다. 하지만 고개를 가로 저으며, 역시 인공지능 의사 로봇의 의견에 따랐을 것이므로 다른 결말은 없었을 것이라고 스스로를 위안했다.

〈보기 2〉

주치의는 뇌사상태에 빠진 환자의 가족들을 불러 모으고, 환자의 생존 확률이 10% 미만이라고 말했다. 자가 호흡 능력이 전혀 없는 상태이기 때문에, 생명 유지 장치를 떼어 내는 순간 환자는 사망하게 될 거라고 말했다. 가족들은 회의 끝에 어머니를 편안하게 보내 드리기로 했다. 마지막으로, 어머니에게 작별인사를 드린 후 의사는 환자의 생명 유지 장치를 떼어 냈다. 그러나 놀랍게도 곧 환자는 스스로 자가 호흡을 시작했다. 보통 몇 시간 정도 생명을 이어 가는 뇌사 환자와는 달리, 석 달이 넘도록 생존해 있다 돌아가셨다. 의료진과 가족들은 크게 당황했다. 현재의 발달된 의학기술로는 설명하지 못하는 삶의 기적이라고 생각할 수밖에 없었다.

내 주치의에게 지불할 의료비는 얼마일까?

(가) 100세 시대를 넘어 120세 시대를 기대하고 있는 요즘, 많은 사람들은 건강하게 오래 살아갈 수 있는 방법에 대해 고민 중이다. 의료기술과 과학기술, 그리고 정보통신 기술 등이 결합되면서 이런 사람들의 요구에 맞는 다양한 기기들이 생산되고 있다.

구글 콘텍트렌즈는 카메라가 내장되어 있어 눈을 깜빡이는 것으로 제어가 가능하다. 눈 속의 글루코스 수치를 이용해 당뇨병 환자의 혈당 체크가 수시로 가능하도록 만들어졌다.

귀에 넣는 스마트 기기도 있는데, 마치 무선 이어폰처럼 생긴 외모를 가지고 있다. 귓속에 넣은 상태에서 명령과 대화를 모두 모두 수행할 수 있으며, 체내 혈압이나 체온 등을 계속해서 모니터링할 수 있다.

바이오 스탬프는 피부에 부착하여 사용할 수 있는 의료기기다. 반창고나 스티커처럼 피부에 붙여서 몸의 전반적인 상태를 모니터링할 수 있는데, 코팅 기능이 추가되어 샤워를 해도 떨어지지 않고 몇 주간 지속적으로 사용이 가능하다. 매우 얇은 센서가 피부에 밀착되어 있어 체온, 맥박, 뇌 활동량, 자외선 지수 등을 모두 실시간으로 모니터링할 수 있다.

모티콘 신발 깔창은 무선 센서가 신발 깔창에 부착되어 있다. 운동화와 구두 안창으로 사용하면서 체중과 하중 등을 모니터링해 올바른 걷기와 적합한 운동 방식을 알려준다. 재활 환자와 운동선수에게 사용을 권장하는 기기이다.

헬스케어 센서를 아기 발목이나 노인들의 발목에 부착하면, 심박수, 혈압, 체온, 실내 온도 등의 정보를 모두 스마트폰으로 받아 볼 수 있다. 아기와 노인들은 신체 관리에 미숙한 경우가 많고 늘 지켜보며 관리를 해야 하는 경우가 많은데, 센서를 통해 스마트기기로 상태를 수시로 관리할 수 있다는 장점이 있다.

이상과 같은 원격 의료 기기는 만성 질환을 앓고 있는 환자와 거동이 불편한 장애인, 노인들, 병원이 드문 벽지의 주민들의 건강을 관리하는 데 커다란 도움을 가져다줄 것으로 예상된다. 그뿐만 아니라, 모든 사람들이 자신의 건강 상태를 평소에 관리할 수

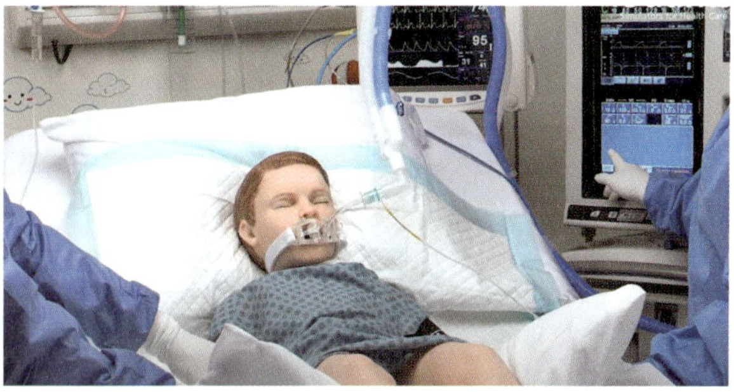

환자 로봇 HAL
출처: 유튜브, https://youtu.be/zUAYaSVAHv8

애니메이션을 보며 반응하는 블러썸
출처: 유튜브, https://youtu.be/okFoKJK_N3w

있고, 몸의 변화를 데이터로 기록해 둘 수가 있어 의료진에게 도움이 될 많은 정보들을 기록해 둘 수가 있다. 바야흐로 나의 주치의를 항상 옆에 두고 사는 세상이 된 셈이다.

(나) 모발 이식 로봇은 모낭을 시간당 1,000모까지 채취해 모발 이식을 정밀하게 할 수 있다. 로봇 닥터 허준은 척추 디스크를 수술할 때 뼈에 작은 구멍을 내고 특수한 관을 삽입해 염증 유발 물질을 제거하는 데 사용할 수 있다. 환자 로봇은 의대생들의 실습용으로 사용되는데, 피를 흘리기도 하고 고통에도 반응하며 특수한 상황에서 어떤 치료와 처방을 해야 하는가를 연습하도록 돕는다. 로봇 블러썸은 자폐아동과 동영상을 시청하고 일상생활을 함께하면서 공감 능력을 키워 가는 데 도움을 준다. 케어 비데라는 로봇은 배변 처리 로봇이다. 전신 마비 환자나 장애가 있는 환자들의 대소변을 감지하고 처리해 주는데, 세정과 건조, 살균까지 모두 처리해 주는 똑똑한 로봇이다.

이처럼 다양한 로봇들이 끊임없이 생산되면서 인류의 의료는 새로운 단계로 진화하고 있다.

(다) 정부에서는 섬마을과 18개의 의료 기관이 함께하는 원격 의료 시범 사업을 시작하였다. 주 2회 이상 혈압과 혈당을 측정하여 스마트폰을 이용해 의료 기관으로 전송하고, 의사가 주 1회 이상 상담 · 진료하는 방식으로 진행하였다.

현재에는 의료 서비스 접근이 어려운 곳에 있는 군부대 장병들에게 원격 의료 서비스를 제공하고 있다. 전문 의료진의 접근이 어려운 부대에서 갑자기 아픈 장병을 치료하기 위해 부대와 도시에 위치한 의료종합 상황센터가 연계하여 진료·처방하는 원격 의료를 시행하고 있다. 더 나아가 컴퓨터와 로봇을 통한 질병 진단과 진료 방법 제시는 물론 처방과 치료약 제조까지 이루어지고 있다.

박미정 외, 「기술 시스템과 미래 사회」, 『고등학교 기술가정 교과서』, 삼양미디어, 139쪽.

(라) 로봇 보조수술 급여화 논의? … 새 지불제도 검토 먼저

재원기간을 단축시키고 수술부위 상처를 적게 하는 등의 장점으로 인해 로봇 보조수술 급여적용 논의가 필요하다는 일각의 주장이 있는 가운데, 그 이전에 새로운 지불제도를 먼저 검토해야 한다는 의견이 제기됐다. 또한 임상적 안전성과 유효성을 검증하는 모니터링 체계의 미흡도 당장 급여화 논의가 힘든 이유로 지목됐다.

건강보험심사평가원 기술평가연구부 권오탁 부연구위원은 최근 'HIRA ISSUE 통권 제8호'를 통해 이같이 밝혔다. 권오탁 부연구위원은 외국의 로봇 보조수술 건강보험 급여적용 사례를 소개하면서 국내에서도 급여화가 가능할 것인지 분석했다. 전국 58개 의료기관에서 총 84대가 운영 중인 로봇 보조수술은 2018년 기준 연간 2만여 건이 시행되고 있으나, 비용·효과성 등 진료상의 경제성이 불분명하다는 점에서 현재 비급여에 머물러 있다.

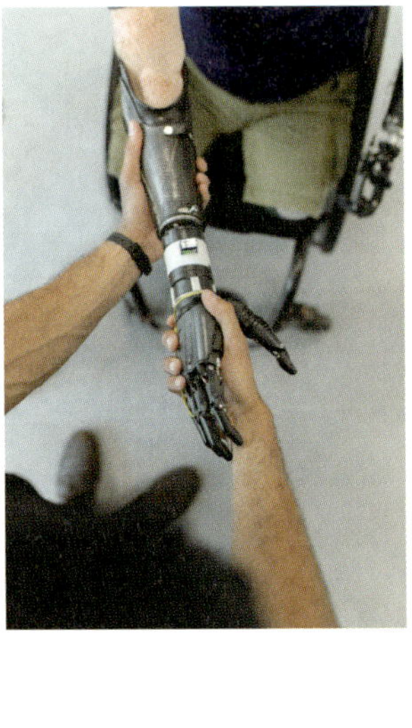

실제로 지난 2015년 급여평가위원회에서 로봇 보조수술의 급여전환과 관련해 공개토론회를 개최했을 당시 △기존 수술방식과의 차별성 △다른 비급여 항목과 비교한 급여전환 시급성 △장비 독점 구조로 인한 합리적인 가격결정의 어려움 등의 문제가 쟁점으로 제기된 바 있다. 권오탁 부연구위원의 설명에 따르면 외국에서는 로봇 보조수술이 기존 수술방법과 비교해 임상적 안전성과 유효성이 최소한 동등하다고 인정된 경우에만 급여를 인정하고 있다. 예를 들어 대만은 최소 1편 이상의 SCI 논문과 RCT 문헌을 근거로 신의료기술이 기존기술보다 그 결과가 좋거나 우수하다는 것을 증명해야 하고, 사례 보고 및 안전성 평가는 지역공동체가 함께 검토·평가한다. 특히, 해당 의료행위를 수행하는 의료기관 및 의료인 자격은 대만의사협회가 결정한다.

국가	별도 수가 적용	기존 수술 수가 적용	비고
일본	• 전립선절제술 • 부분신장절제술	12개 적용 중	• 자궁수술을 신진의료기술로 선정 (2018년 말 기준)
대만	—	전립선절제술	• 전립선절제술 외에는 비급여 • 전립선절제술에 사용되는 특수재료 비용은 환자부담
미국	—	전립선절제술	• 로봇보조수술을 활용한 전립선절제술만 CPT 코드 등재
덴마크	• 전립선절제술	그 외 적용 중	—
영국	• 전립선절제술 • 부분신장절제술	그 외 적용 중	—
독일	—	대부분 적용 중	—

이어 일본의 경우 신의료기술의 안전성과 유효성 평가를 위한 모니터링 체계로서 '선진의료기술' 제도를 도입, 해당 의료기술을 수행하는 의료기관을 특정하고 지속적으로 결과를 수집해 급여여부 결정의 기초자료로 활용하고 있다. 이 같은 외국의 로봇 보조수술은 적응증을 중심으로 전립선절제술과 부분신장절제술에 주로 급여가 적용된 상태다.

구체적으로 살펴보면 영국은 전립선절제술과 부분신장절제술에만 높은 수가를 인정하고 있고, 총액예산제로 운영되는 대만은 전립선절제술의 로봇 보조수술 비용을 복강경수술 비용과 동일한 수가로 지급하되 로봇 보조수술에 필요한 특수재료 비용을 환자가 부담토록 하고 있다. 우리나라와 같은 행위별수가제도를 기반으로 하는 일본은 전립선절제술과 부분신장절제술만 별도 수가를 인정하고 12가지 적응증은 복강경 수가와 동일한 급여를 적용 중이다. 이 외에 독일과 프랑스, 미국의 경우 기존수술과 로봇 보조수술을 동일한 수가로 지급한다.

권오탁 부연구위원은 "외국의 로봇 보조수술 급여적용 사례로 볼 때 국내에서도 신의료기술의 급여적용 전, 기존 기술과 비교 검증할 수 있는 모니터링 체계를 구축할 필요가 있다."라고 말했다. 다시 말해 우리나라는 외국과 같이 급여전환 전에 로봇 보조수술과 같은 신의료기술의 임상적 안전성 및 유효성을 지속적으로 확인할 수 있는 제도가 미흡하다는 의미다.

권 부연구위원은 "일본의 '선진의료기술제도'와 대만의 '예비코드제도'를 예로 들 수 있다."라며 "신의료기술 의료행위에 대한 자료 수집 및 모니터링의 실효성을 높이고 있다는 점에서 주목할 만하다."라고 강조했다. 이와 함께 임상적 안전성과 유효성이 검증된 고가(高價) 신의료기술의 급여적용에 대한 새로운 지불제도를 검토해야 로봇 보조수술 급여화 논의가 수월하다는 게 권 부연구위원의 의견이다.

권 부연구위원은 "대만은 일부 고가 신의료기술에 대해 급여범위를 초과한 차액을 환자가 부담하는 '환자자기부담제도'를 운영 중"이라며 "'국민건강보험에 의거해 자기부담 금액으로 처리하는 특수 치료 재료에 대한 업무 원칙'에서 이를 구체적으로 정하고 있다."라고 언급했다. 그는 이어 "결국 임상적 안전성·유효성을 검증하기 위한 모니터링 제도 구축과 더불어 새로운 급여적용 지불제도의 검토가 있어야 한다."라고 덧붙였다.

정윤식, 「로봇 보조수술 급여화 논의? … 새 지불제도 검토 먼저」, 『메디칼업저버』, 2019. 8. 14.

인공지능과 다양한 기술들을 통합한 의료 기기들은 끊임없이 개발되고 있으며, 의료용 로봇 역시 성공적으로 수술을 도우면서 의료 수준을 끌어올리고 있습니다. 그러나 건강보험이 적용되지 않는 로봇 수술은 모든 사람들이 혜택을 받기 어렵고, 로봇들도 워낙 비싸서 모든 병원에서 도입하는 데에는 상당한 시간이 걸릴 것으로 예상됩니다. 이처럼 모두에게 평등한 혜택을 주지 못하는 의료 기술이 가지고 올 문제점에 대해 지적하고, 이것을 해결할 수 있는 방안을 제시해 보세요.

인공지능 후식으로 마무리_______ 전 국민에게 주치의가 생겼다

수명 연장의 꿈은 태초의 인간부터 소망한 일이라고 할 수 있습니다. '개똥밭에 굴러도 이승이 좋다'는 속담에서도 알 수 있듯이, 인간은 아무리 고생스럽게 살아도 죽는 것보다 사는 것이 낫다고 생각합니다. 현대 의학기술로는 완치 불가능한 병이지만, 인체 냉동 기술을 통해 미래에 깨어나 치료를 받을 수 있다면 어떨까요? 외진 곳에 있는 누구라도 언제든 원격 치료와 수술이 가능하다면 어떨까요? 이와 같은 상상은 결코 먼 미래의 일이 아닙니다. 4차 산업 혁명이 일어나 생명 공학과 인공지능 로봇을 활용한 의학기술이 발전하면, 인간이 그토록 갈망하던 수명 연장의 꿈은 곧 현실이 될 수도 있으니까요.

하지만 의학기술 발전의 긍정적인 전망 뒤에는 숨겨진 부정적인 측면 또한 존재합니다. 나노 로봇을 이용한 암치료를 받을 수 있는 사람이 자본과 권력을 가진 일부에만 국한될 가능성, 스마트 헬스케어에서 예기치 않은 시스템의 오류로 인해 환자에게 적절하지 않은 진단을 내릴 가능성, 인공지능 로봇이 수술을 집도하게 되어 의사들이 직장을 잃게 될 가능성도 완전히 배제할 수는 없기 때문입니다. 그렇기에 냉정한 인공지능과 온정 넘치는 인간이 조화롭게 공존할 수 있는 인공지능의 시대가 펼쳐지도록 힘쓰는 것이 이 시대를 살아가는 우리에게 주어진 과제라고 할 수 있겠습니다.

PART 04

AI와 법률

04

AI와 법률

<아이, 로봇>, 알렉스 프로야스, 미국, 2004.

시간은 2023년. 우리의 일상에서 로봇은 사람들에게 편리함을 주는 가전제품과 같이 여겨진다. 어느 날, USR(세계 최대의 로봇 회사)의 로봇 박사인 래닝의 자살 사건이 발생한다. 자살 현장에서 인간의 명령에 복종하지 않는 NS-5 로봇이 발견되고, 최초의 살인 용의 로봇으로 체포된다.

AI 로봇의 첫 살해 사건

로봇 박사 래닝의 자살 사건 조사를 담당하게 된 스프너 형사는 로봇이 '3원칙'을 깨고 박사를 살해했을 수도 있다는 강력한 의심을 갖게 된다. 살인 용의자로 지목된 로봇은 스프너 형사와의 첫 대면에서 다음과 같은 의미심장한 질문을 던진다.

"나는 도대체 누구죠?"

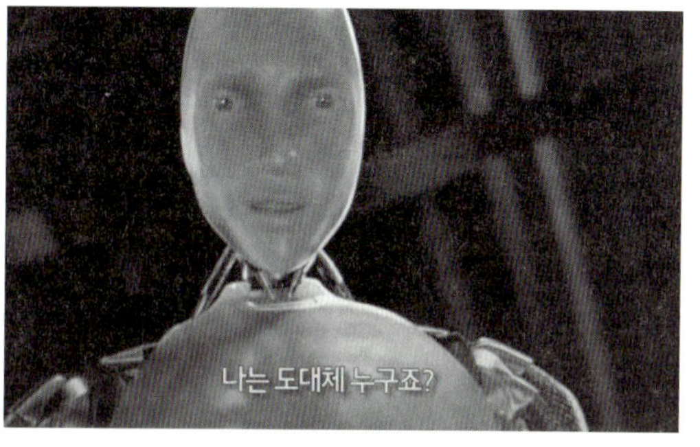

캘빈 박사　　1원칙, 로봇은 인간을 해칠 수 없다.

스프너 형사　　광고 봤소. 2원칙, 명령엔 복종한다. 만약 살인명령을 받으면요?

캘빈 박사　　불가능해요. 그건 1원칙에 위배돼요.

스프너 형사　　3원칙의 "로봇 자기 방어권"은?

캘빈 박사　　그것도 1, 2원칙에 위배될 땐 예외죠.

스프너 형사　　법은 깨지라고 있는 거예요.

캘빈 박사　　로봇은 절대 인간을 못 해쳐요.

로봇 3원칙을 정리해 보세요.

도주하는 세계 최초 살인 용의자 로봇을 체포한 스프너 형사는 로봇을 취조하기 시작한다. 그러나 로봇은 자신이 박사를 죽이지 않았다며 강력하게 항변한다. 게다가 자신은 인간처럼 감정을 느낄 수 있다고 말한다. 결국 인공지능 로봇 '써니'는 처벌을 받지 않는다. 살인죄는 인간이 인간을 죽였을 때만 해당된다는 이유로 경찰은 로봇에게 죄를 물을 수 없었던 것이다.

감정을 느끼는 로봇을 만난 스프너 형사는 어떤 느낌이 들었을까요?

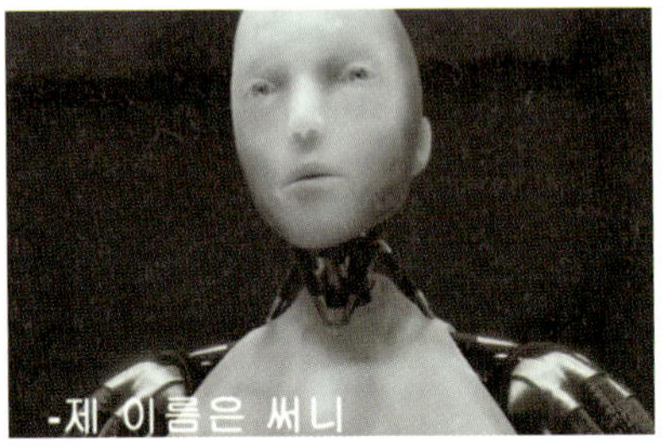

써니(인공지능 로봇) 제 이름은 써니. 아버진 내게 감정이라는 것을 가르쳐 주려 하셨죠.

스프너 형사 왜 죽였나?

써니(인공지능 로봇) 전 안 죽였어요.

스프너 형사 범죄 현장엔 왜 숨어 있었지?

써니(인공지능 로봇) 두려워서요.

스프너 형사 로봇은 공포를 느끼지 못해. 아무것도 느끼지 못하지. 배고픔도 느끼지 못하고 잠도 오지 않지.

써니(인공지능 로봇) 전 느껴요. 전 꿈도 꾸는 걸요.

스프너 형사 사람이 꿈을 꾸지. 심지어 개도 꿈을 꾸지만 넌 아냐. 넌 기계일 뿐이지. 생명의 모방품일 뿐이야. 로봇이 교향곡을 작곡할 수 있나? 캔버스에 아름다운 걸작품을 남길 수 있어?

써니(인공지능 로봇) 당신은요?

스프너 형사 …… (대답을 하지 못한다)

써니(인공지능 로봇) 저는 박사님을 죽이지 않았어요.

스프너 형사에 의해 래닝 박사의 살인 사건에 관한 진실이 드러난다. 래닝 박사는 로봇 3원칙에 문제가 있다는 것을 알고 있었고, 이를 경고하기 위해 자신을 희생하기로 결심했던 것이다. 래닝 박사는 감정을 가진 인공지능 로봇 '써니'에게 자신을 밖으로 던져달라고 부탁한다. 감정과 생각이 없는 로봇은 그 명령을 실행하지 않았겠지만, 박사의 진심 어린 부탁에 '써니'의 마음은 흔들리고 결국 박사의 부탁을 들어주게 된 것이다.

써니(인공지능 로봇)　아버진 제게 부탁하셨죠. 약속 한 가지 해 달라고. 그게 뭔지 모른 채 전 맹세를 했죠. 꼭 들어드린다고.

스프너 형사　죽여 달란 거였군.

써니(인공지능 로봇)　절 체포하실 건가요?

스프너 형사　인간끼리 죽이는 게 살인이야. 넌 살인한 게 아니지.

로봇이 인간을 죽이면 살인죄가 성립될까요?

얼마 전, 유럽연합은 AI 로봇의 법적 지위를 '전자 인간'으로 지정하는 결의안을 통과시키고 로봇 3원칙(① 로봇은 인간을 해칠 수 없다. ② 인간의 명령에 복종한다. ③ 로봇 스스로도 이를 지켜야 한다.)을 만들었다. 또, 유럽연합 집행위원회는 일곱 개의 인공지능 윤리 가이드라인을 발표하기도 했다. AI 로봇은 미래 사회에서 우리와 함께 살아가야 하는 존재로서, 인간의 질서 안으로 편입할 준비를 하고 있다.

영화 〈아이, 로봇〉에서는 사람의 통제를 벗어난 자유의지를 가진 로봇이 등장한다. 이처럼 AI 로봇과 공존하는 미래 사회에서 인공지능이 스스로 생각하고 행동한 일에 대해 판단할 법적 근거와 규제는 반드시 만들어져야 할 것이다. 이와 같이, 기존에는 존재하지 않았던 인공지능 로봇의 등장으로 인류의 질서에는 커다란 변화가 생길 것이 분명하다. 특히 법률은 인간의 사회적 질서를 뒷받침하고 있는 커다란 축이기 때문에, 인공지능을 법적 테두리 안에 어떤 방식으로 위치시킬 것인가에 대한 충분한 합의와 인식의 변화는 반드시 필요하다.

그렇다면, 로봇과 관련된 법률들은 어떤 방식으로 합의되어 만들어지고, 지켜져야 할까?

음미하며 천천히 먹기 AI 법률가에게 재판을 받는다면?

인공지능 법조인
출처: 네이버 이미지

(가) 미국의 한 법률 회사는 로스(Ross)라는 이름의 변호사를 채용하였다. 로스는 법률 서비스에 최적화된 인공지능(AI)로봇이었다. 로스는 1초에 80조 번 연산하고, 책 100만 권 분량의 데이터를 분석한다. 인공지능 변호사답게 로스는 하루 24시간 쉬지 않고 일하며, 수천 건의 자료를 탐색한 뒤 가장 적합한 해답을 제공해 주는 작업도 할 예정이다.

이정아 기자, 「"나, 취직했어요" 미국 대형로펌 입사한 로봇 변호사」, 『헤럴드경제』, 2016. 5. 13. (정창우 외, 『고등학교 생활과 윤리』, 미래엔, 114쪽.)

(나) 장 발장은 프랑스 소설가 빅토르 위고가 발표한 「레 미제라블」의 주인공이다. 장 발장은 프랑스 라브리 지방의 노동자로 성실하게 일했지만, 가난과 배고픔을 면치 못했다. 장 발장은 굶주림에 지친 조카들을 위해 빵 한 조각을 훔친 죄로 징역 5년형을 선고받는다. 툴롱의 감옥에 갇혀 있던 장 발장은 자신이 부양하지 않으면 모두 굶어 죽을 조카들을 걱정하면서 4차례의 탈옥을 시도하지만, 모두 다시 잡혀 형량이 19년까지 늘어난다.

장 발장은 출소한 후 정처 없이 떠돌다 우연히 들른 성당에서 미리엘 주교를 만난다.

미리엘은 처음 본 장 발장에게 먹을 것과 따뜻한 잠자리를 선뜻 내주었다. 그러나 장 발장은 미리엘 주교의 선의를 저버리고 성당의 은식기를 몰래 훔쳐 달아나던 중 경찰에 잡혀 또 감옥에 갇힐 위기에 처한다. 이때 뜻밖에도 미리엘 주교는 장 발장의 훔친 물건들을 자신이 내어 준 것이라고 증언해 주고, 은촛대까지 덤으로 넘겨주며 그를 구한다.

미리엘 주교로부터 제2의 삶을 선물받은 장 발장은 열심히 일해서 공장의 주인과 시장이 되기에 이른다. 가난한 사람들의 마음을 잘 알았던 그는 온갖 선행을 베풀었고, 고아가 된 코제트라는 소녀를 구해 마지막까지 아버지의 역할을 다한다. 만약 미리엘 주교의 선행이 없었다면, 장 발장과 그에게 도움을 받았던 많은 사람들, 그리고 고아 코제트도 세상에 없었을지 모른다. 미리엘 주교의 선행은 결국 장 발장을 좋은 사람으로 발전시켰고, 그는 또다시 많은 사람들에게 자신의 사랑을 베풀었다.

나는 법률가로서 법은 처벌보다 선도의 개념을 더 중시해야 한다고 생각한다. 빵 한 조각을 훔쳤다는 이유보다 왜 그 빵을 훔쳤는지를 바라보는 넓은 안목이 법률을 다루는 사람들에게는 반드시 필요하다. 인간의 삶에는 변수가 많다. 그 모든 것들을 두루 살피고 반영해서 억울한 사람이 없도록 법을 집행하는 것, 그것이 법률을 다루는 사람들의 마음이 되어야 한다. 법률가로서 억울한 장 발장이 생겨나지 않도록 최선을 다해야 한다는 것은 아무리 강조해도 지나치지 않는다. 나를 포함해서 이 글을 읽는 모든 법률가들이 단 한 명의 억울한 사람도 만들지 않겠다는 마음가짐으로 재판에 임해야 할 것이다.

01 (가)에 드러난 인공지능 로봇 변호사의 장점은 무엇인지 써 보세요.

02 (나)에서 법 집행에서 가장 중요하게 생각해야 하는 마음가짐이 무엇이라고 했는지 써 보세요.

03 여러분이 인공지능 재판관에게 재판을 받는다면 어떤 기분일까요? 상상해서 써 보세요.

꼭꼭 씹어 확실히 먹기

과학은 두 얼굴을 가진 야누스!

(가) 재판도 가상현실? '알파고 판사' 시대 올까?

앵커

과학기술의 발달로 가상현실과 빅데이터, 3D 프린터, 로봇 등이 공상 과학 영화의 소재가 아닌 일상의 풍경이 되어 가고 있습니다. 이렇게 기술이 계속해서 고도화되어 간다면, 미래 사회에는 인공지능 판사가 등장할 수도 있을까요? 세계적인 전문가들이 내놓은 전망을 한연희 기자가 정리했습니다.

기자

SF영화의 단골 소재로 등장하는 인공지능, AI. 이세돌 9단과 인공지능 알파고의 바둑 대결이 펼쳐지면서 AI는 대중에게 더 친숙해졌습니다. 지난 5월에는 미국의 한 대형 로펌이 세계 최초로 인공지능 로봇 변호사를 채용한 가운데, 법조계 역시 인공지능을 주목하고 있습니다.

클라우스 슈밥 (세계경제포럼 회장)

4차 혁명은 많은 이슈를 불러오고 상당수는 법적 이슈와 관련이 있습니다. 혁명으로 인해 나오는 기회를 포착하고 발 빠르게 움직여야 합니다.

기자

가장 큰 관심은 인공지능 판사의 등장 가능성! 세계적인 인공지능학자들은 우선, 인공지능이 완전히 판사의 역할을 대신할 수는 없을 것으로 내다봤습니다.

오렌 에치오니 (앨런인공지능연구소장)

판사는 기본적으로 판결을 내리기 앞서서 상황 자체에 대한 연민과 공감을 기초로 하고 있고요. 판사의 결정은 사회적 합의가 뒷받침되어야만 나올 수 있다고 생각합니다. 그래서 아마, 기술적으로는 가능하다 할지라도, 판사의 기능을 인공지능이 대체하는 것은 바람직하지 않다고 생각합니다.

기자

다만, 기술적으로 판사의 역할을 대신하는 인공지능의 등장을 피할 수는 없는 만큼, 사법부는 미리 대처방안을 마련해야 한다고 조언했습니다.

로만 얌폴스키 (미국 루이빌대 사이버보안연구소장)

어떤 기술적인 요소들이 있고, 제약 조건이 있는지 면밀하게 검토해야 할 필요가 있다고 생각합니다. 어떤 경우 해킹이 가능한지 또 기술이 오용될 수 있는지 많이 공부하고 준비했을 때, 보다 나은 기술의 활용과 기술을 수용할 수 있는 단계가 올 것으로 생각합니다.

기자

이들은 또, 인공지능 판사가 등장하면 학연이나 지연으로 얽힌 전관예우나 법조 비리도 자연히 사라질 것으로 기대했습니다. 또 인공지능이 완전히 인간을 대체하는 단계가 오면, 법정이 사라지고 재판은 가상현실에서 이뤄질 수도 있을 것으로 전망하기도 했습니다. YTN 한연희입니다.

YTN, 「재판도 가상현실? '알파고 판사' 시대 올까」, 『YTN』, 2016. 10. 19.

(나) 영화 〈7번방의 선물〉에서는 지적으로 부족하지만, 딸을 누구보다도 사랑하는 선량한 주인공이 등장한다. 그러나 자신을 변호할 힘이 없었던 그는 경찰의 강압에 의해 짓지도 않은 죄를 자백하고 결국 사형을 언도받는다. 이후 변호사가 된 딸이 재심을 신청하고 아버지의 무죄를 입증할 수 있게 된다. 그러나 이미 사형이 집행된 이후였고, 사법부의 실수로 억울하게 목숨을 잃은 아버지는 다시 살아 돌아올 수가 없었다.

영화 〈7번방의 선물〉과 같은 사건이 현실에서도 일어났다. 2000년 전북 익산 약촌오거리에서 발생한 택시기사 살인 사건이 그것이다. 경찰은 당시 15세였던 최 모 군을 용의자로 지목하여 살인죄로 기소하였고, 최 모 군은 죄를 인정받아 16년을 감옥에서 지냈다. 사건의 재심을 담당한 박준영 변호사의 노력 덕분에 경찰의 폭행과 강압수사가 밝혀졌고, 사법부 역시 재판이 잘못되었다는 것을 인정하기에 이른다.

영화 〈7번방의 선물〉과 '약촌오거리 사건'의 재심 결과는 인간의 판단이라는 것이 완벽하지 않으며, 억울한 사람이 생기면 돌이킬 수 없는 일들이 발생할 수 있다는 것을 말해준다. 그렇다면 완벽한 증거 분석과 객관적인 판단이 가능한 인공지능을 도입한다면 이런 인간의 한계를 보완할 수 있지 않을까?

미국 펜실베니아주립대와 영국 유지버시티 칼리지런던, 영국 셰필드 대학이 공동연구한 사례에 주목해 보자. 연구진은 인공지능 판사에게 유럽인권재판소의 판례 600여 건을 학습시켰다. 결과는 인공지능 판사가 인간이 내린 판결의 80%를 예측해 냈다. 더 많은 판례와 증거와 증언들을 다양하게 학습시킨다면 인공지능 판사의 판단율은 인간 판사를 곧 따라잡을 것이다. 기초적인 데이터 분석을 인공지능 판사에게 먼저 맡긴다면, 재판 과정은 더욱 신속해지고 판결은 더욱 명확해질 수도 있다. 무엇보다 인공지능 판사가 재판 초기에 〈7번방의 선물〉이나 '약촌오거리 사건'처럼 강압에 의한 수사나 증거 불충분 등의 오류를 바로잡을 수도 있을 것이다.

그러나 인공지능을 법률계에 도입했을 때 법과 관련된 인력들이 일자리를 잃을 것을 염려하는 사람들이 많고, 법률에서 중요하게 여겨지는 '공감' 능력의 부재를 걱정하는 경우도 많다. 인공지능이 재판을 하는 날이 오면, 인류는 우리가 만든 창조물에 의해 판단을 받는 주객전도의 상황을 맞을 수도 있다.

(다) 니트로글리세린은 1984년 이탈리아의 화학자 소브레로가 발명한 것이었다. 이후 니트로글리세린에 들어 있는 산화질소가 혈관을 이완시켜 피를 잘 돌게 한다는 것을 안 과학자들은, 니트로글리세린을 협심증 치료제로 개발하였다. 19세기에 접어들면서 철도, 도로, 운하, 건물 등을 건설하면서 니트로글리세린은 각광을 받게 된다. 기존 화약보다 열 배 이상의 폭발력을 지니고 있어, 각종 폭약으로 개발되어 사용되었기 때문이다. 그러나 매우 약한 충격에도 큰 폭발이 일어나는 일이 많았고, 사람들은 크게 다치기 일쑤였다.

1866년에 노벨은 안전한 폭발 유도 장치를 추가한 다이너마이트를 발명하였다. 물론 여기에 니트로글리세린이 사용되었다. 하지만 이후로 다이너마이트는 건설 현장보다 각종 무기로 더 많이 만들어져 전쟁에서 쓰였다.

과학사회학자 브루노 리투어는 '과학은 두 얼굴을 가진 신 야누스와 같다'는 말을 하였다. 하지만 니트로글리세린은 어떠한 얼굴도 가지고 있지 않았다. 그것을 사용하는 우리가 천사와 악마 중 어떠한 역할을 주느냐에 따라 그 얼굴이 달라졌을 뿐이다.

다이너마이트를 발명한 노벨

01 인공지능 법률가의 등장이 우리의 삶에 어떤 변화를 가져올지 친구들과 이야기 나누어 보고, 이것의 장점과 단점을 구분해서 정리해 보세요.

인공지능 법률가가 가진 장점	인공지능 법률가가 가진 단점

02 (다)의 입장에서 인공지능 법률가를 어떠한 방식으로 도입해야 할 것인가에 대해 친구들과 이야기를 나누어 보세요. 토론한 내용들을 정리해서 써 보세요.

AI 로봇에게 전자인간으로서의 법적 지위를 주자!

(가)

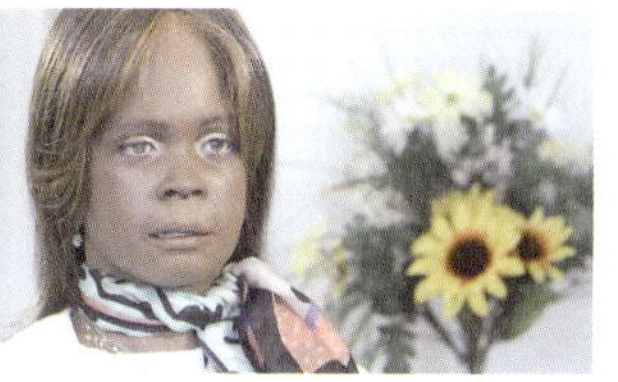

인공지능 로봇 비나48
출처: 네이버 이미지

인공지능 로봇 비나48 내가 크루즈 미사일을 해킹할 수 있다면 세계를 인질로 삼아 통치할 수 있을 것입니다. 그것은 대단한 일입니다.

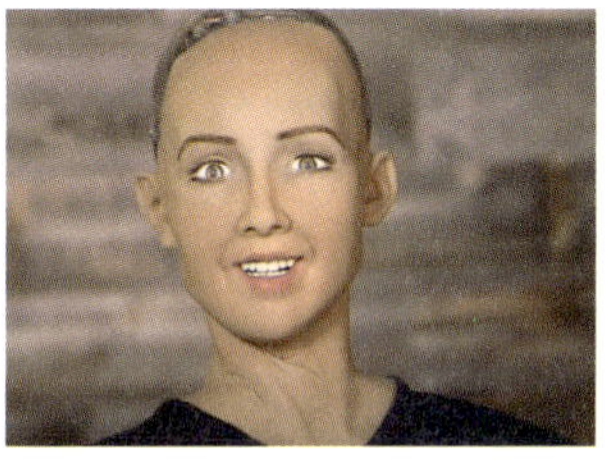

인공지능 로봇 소피아
출처: 유튜브, https://www.youtube.com/watch?v=W0_DPi0PmF0

핸슨 박사 인류를 파괴하고 싶니? 제발 아니라고 해 줘.

인공지능 로봇 소피아 인류를 파괴하고 싶습니다.

인공지능 노먼
출처: 네이버 이미지

실험 진행자 (그림판을 보여 주며)

인공지능 로봇 노먼 인간이 반죽 기계에 빨려 들어가는 모습이에요.

실험 진행자 (다른 그림판을 보여 주며)

인공지능 로봇 노먼 사람이 총에 맞아 죽는 모습이에요.

미국 메사추세스 공대 연구팀은 '노먼'이라는 인공지능에게 사고와 살인 같은 부정적인 데이터를 학습시켜 반사회적 인격 장애 성향의 실험을 시도했다. 노먼은 알파고와 같은 계열로, 알파고에게는 바둑을 학습시켰다면 노먼에게는 부정적인 데이터들을 학습시킨 것이다. 학습의 결과는 충격적이었다. 인간의 심리를 알아보는 그림 테스트에서 노먼은 충격적인 답변들을 늘어놓는다. 보통의 사람들은 새라고 답변하는 그림 카드를 보고, '인간이 반죽 기계에 빨려 들어가는 모습'이라는 답변을 한 것이다. 그 이후의 그림 카드에서도 노먼은 매우 잔인하고 부정적인 답변을 내놓았다. 인공지능에게 나쁜 내용을 주입하면 나쁜 인공지능이 탄생된다는 것을 보여 주는 사례였다.

인공지능은 스스로 학습하는 능력을 지녔다. '노먼'을 비롯한 인공지능 로봇들이 최근에 인류 사회에 반하는 답변을 연달아서 내놓은 것에는 그들이 학습한 데이터 안에 인류의 나쁜 생각들이 상당 부분 들어 있었기 때문이다. 인공지능은 인터넷에 있는 수많은 정보들을 계속해서 습득하고, SNS에서 주고받는 우리들의 생각까지 학습한다. 인공지능 로봇들은 이런 과정을 통해 습득한 데이터를 분석하여 가장 적합하다고 생각하는 답변을 내놓았을 뿐이다. 슬프게도 인공지능이 공부한 인류의 정보 데이터는 반목과 혐오, 폭력과 전쟁 같은 생각들이 많았던 모양이다. 우리는 인공지능의 답변 자체에 충격을 받을 것이 아니라, 그들의 답변 속에 인류의 부끄러운 모습이 그대로 반영되어 있다는 것을 잊어서는 안 된다. 결국 인공지능은 거울이 되어, 우리의 어두운 면을 비추고 있는 것이다.

(나) 러시아가 개발한 휴머노이드(인간형 로봇) '표도르'가 양손에 권총을 들고 정확히

휴머노이드 표도르의 모습
출처: 유튜브, https://www.youtube.com/watch?v=HTPIED6jUdU

사격하는 모습은 우리에게 커다란 충격을 주었다. 표도르에게 인공지능을 탑재하면 무서운 킬러 로봇이 될 수도 있기 때문이다. 이들이 전쟁에서 살상 무기로 사용된다면 인류에게 커다란 재앙이 될 것이 뻔하다. 이제 인공지능 로봇의 개발을 과학의 자율에만 맡겨 두어서는 안 된다. 로봇 개발자, 로봇 사용자, 인공지능 로봇의 윤리가 모두 조화를 이루어야 한다. 세계가 모두 나서서 인공지능 로봇과 관련된 문제들을 사회와 법률적 테두리 안에서 논의하지 않으면 안 될 시기인 것이다.

2000년대 중반 이탈리아 로마에서 열린 '국제 로봇 자동화 학회'에서 로봇이 지켜야 할 윤리를 만드는 법에 대한 논의가 있었다.

- 2장(인간, 로봇의 공동 원칙): 인간과 로봇은 상호 간 생명의 존엄과 정보, 공학적 윤리를 지켜야 한다.
- 4장(로봇 윤리): 로봇은 인간의 명령에 순종하는 친구, 도우미, 동반자로서 인간을 다치게 해서는 안 된다.
- 6장(사용자 윤리): 로봇 사용자는 로봇을 인간의 친구로 존중하고 불법 개조나 로봇 남용을 금지한다.

보통의 기계와 달리 인공지능 로봇은 우리의 생각을 그대로 습득하여 행동한다. 인류가 도덕적으로 완벽하지 않기 때문에 윤리를 교육하고 법으로 범죄를 단속하듯이, 우리를 꼭 닮은 인공지능 로봇 역시 교육과 법적 테두리 안으로 끌어와 올바르게 학습시키고 단속해야 한다. 그래야 인공지능 로봇의 시대가 도래했을 때, 인간과 로봇 모두가 존중받으며 공존하는 사회를 이룰 수 있을 것이다.

01 인공지능 로봇에게 '전자 인간'으로서의 법적 지위를 인정해야 하는 이유를 '인간의 입장'에서 300자로 주장해 보세요.

02 다음 〈보기〉는 미래 사회에 살고 있는 한 소녀의 글입니다. 이 소녀의 생각을 비판해 보고, 인공지능 로봇에게도 '전자 인간'으로서의 법적 지위를 인정해야 하는 이유를 '인공지능 로봇의 입장'에서 300자로 주장해 보세요.

〈보기〉

저는 2년에 한 번씩 인공지능 애완견을 바꾸고 있어요. 해마다 기능이 좋아지고, 더 예쁜 디자인의 애완견들이 많이 출시되고 있기 때문이에요. 문제는 그동안 정들었던 애완견들을 로봇 폐기물 센터에 가져다주는 일이에요. 가족과 헤어지는 기분이 들기도 해서 마음이 아파요. 그렇지만 새 로봇 애완견이 오면 곧 잊어버려요. 옛날 애완견이 가지고 있던 기억 메모리칩을 새 애완견에게 꽂으면 제가 훈련시킨 모든 것들을 새 애완견이 그대로 습득하게 돼요.

이렇게 사랑스러운 로봇 애완견들을 폐기물 센터에 가져다주지 않고 아무 곳에나 함부로 유기하고, 부숴 버리는 사람들이 있다니 정말 화가 나요. 버려진 로봇 애완견들이 산더미처럼 쌓여 있다잖아요. 심지어 친구처럼 지내는 인공지능 도우미 로봇들도 함부로 부수고 버리는 사람들이 많다는 기사를 봤어요. 그냥 폐기물 센터에 가져다주면 될 일인데, 왜 그렇게 로봇을 함부로 대하는지 모르겠어요.

인공지능 후식으로 마무리______ "나는 도대체 누구죠?"

영화 〈아이, 로봇〉에서 인공지능 로봇 '써니'는 인간에게 이런 질문을 던집니다.

"나는 도대체 누구죠?"

스스로 학습하고 판단할 수 있는 인공지능 로봇이 만들어지면, 우리 역시 똑같은 질문을 그들로부터 듣게 될지도 모릅니다. 이때 인류는 그들에게 어떠한 답변을 해 주어야 할까요?

인공지능 로봇이 인류와 공존하기 위해서는 인간 사회에 적합한 법적인 의무뿐만 아니라 권리까지도 부여해야 한다는 논의가 계속되고 있습니다. 인공지능 로봇에게 책임과 의무를 다하도록 하고, 사회적 보호도 적절하게 받을 수 있는 권리를 함께 주어야 한다는 것이지요. '전자 인간'으로 인정해 주고, 일정한 역할을 사회적으로 부여하는 것이 그들과 평화롭게 공존하는 방법이라는 것입니다. 그야말로 신인류 탄생이 눈앞에 와 있는 것입니다. 그렇다면 우리는 이들을 '전자 인간'으로 받아들일 준비가 되어 있을까요?

이미 현실이 된 '인공지능 판사 혹은 변호사'에 관한 논란도 뜨겁습니다. 인공지능은 인간보다 훨씬 더 많은 데이터를 분석할 수 있으며, 객관적이고 냉정한 판단을 통해 정밀한 결론을 도출할 수 있다는 장점을 가지고 있습니다. 그러나 인간의 존엄성과 직접적으로 연관된 법 집행에 공감 능력이 없는 인공지능이 관여해서는 안 된다는 반대 여론도 만만치 않습니다. 인공지능이 인간의 죄 유무를 따지는 재판을 진행하게 되면, 과연 인간들은 이것에 승복할 수 있을까요?

인류가 전혀 접해 보지 못한 인공지능이라는 미지의 대상을 두고 우리는 사회적 합의를 계속해야 할 것입니다. 그것에 대한 올바른 규정이 이루어질 때, 우리는 그들을 진심으로 받아들일 수 있을 것입니다.

PART 05

AI와 예술

le age of artificial intelligen

05

AI와 예술

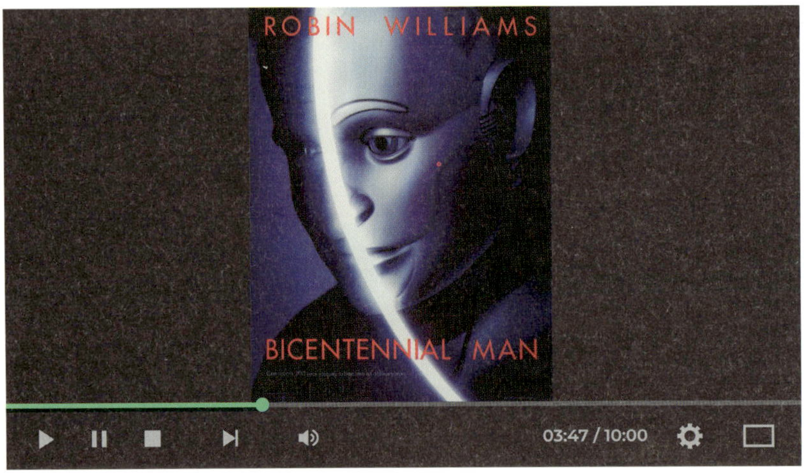

<바이센테니얼 맨>, 크리스 콜럼버스, 미국, 1999.

'로봇공학의 3원칙'을 생각해 낸 것으로 유명한 아이작 아시모프의 단편 소설 「이백 살을 맞은 사나이」를 영화화한 작품이다. NDR-114의 제작과정에서 엔지니어가 샌드위치를 먹다가 실수로 마요네즈 한 방울을 로봇의 회로 위에다 떨어뜨리게 되는데, 이것이 원인이 되어 "있을 수도 없고 있어서도 안 되는" 지능과 호기심을 지닌 로봇이 탄생된다.

인공지능 애피타이저

조각하는 예술가 앤드류

2005년 뉴저지에 살고 있던 리처드는 집안일을 돌볼 수 있는 가사 로봇 하나를 구입하게 된다. 가족들은 로봇에게 '앤드류'라는 이름을 붙여 주었고, 앤드류는 가사 로봇의 역할에 최선을 다한다. 그러던 어느 날 앤드류는 작은 아가씨의 크리스털 말을 실수로 부서트린다. 미안한 마음이 든 앤드류는 목공예를 스스로 학습하여 부서져 버린 크리스털 말과 비슷한 나무 조각상을 만들어 작은 아가씨에게 선물한다. 이 조각상을 본 리처드는 앤드류의 예술적 재능을 발견한다.

작은 아가씨 앤드류!

앤드류 부르셨어요?

작은 아가씨(맨디) (앤드류가 만들어 준 말 조각상을 들고) 내 생애 최고의 선물이야.

앤드류 봉사는 제 기쁨이죠.

리처드 정말 자네가 만들었어?

앤드류 네. 작은 아가씨를 위해 만들었죠.

리처드 디자인도 했나?

앤드류 네.

리처드 뭘 보고 만들었지?

앤드류 뭘 보다니요?

Q 앤드류는 왜 조각상을 만들기로 했나요?

리처드의 아내　창작품은 아닐 거란 말이지. 책이나 컴퓨터에서 봤겠지.

앤드류　나무 형태와 재질을 연구한 후 작은 아씨 맘에 들게 정성을 다해 만들었습니다.

앤드류의 특별한 재능을 발견한 리처드는 로봇 제조회사에 앤드류를 데려가지만, 회사에서는 그를 불량품으로 간주하여 분해하겠다고 말한다. 리처드는 특별한 로봇 앤드류를 보호하기로 결심하고, 앤드류의 수익을 스스로 적립할 수 있는 계좌를 만들어 준다. 리처드는 점차 앤드류를 인간처럼 대하기 시작하고, 직접 교육을 하기도 하면서 그의 창의성을 북돋아 준다.

인간처럼 감정을 느끼는 로봇을 만난다면 어떤 느낌이 들까요?

로봇 회사의 사장　문제점을 받아 보았는데, 정확하게 뭐지요?

리처드　인간 같은 면이 많습니다. 창의성, 호기심, 우정 같은……. 솔직히 매일 놀라고 있어요. 앤드류는 '조각이 즐겁다'고 하더군요.

로봇 회사의 사장　'즐겁다'고요?

리처드　네.

앤드류　그런 말 하면 안 되나요?

리처드　아니 괜찮아. 로봇이 뭔가 즐긴다는 건 흔한 일은 아닙니다. 궁금한 건…… 다른 로봇들도 그런가요?

로봇 회사의 사장　분명히…… 문제가 있습니다.

리처드는 음악을 감상하기도 하고, 피아노를 배우기도 한다. 나아가서 철학적인 질문에 대해 깊은 사색을 하기도 한다. 자신이 사는 주변 풍경을 그리기도 하고, 스스로 살 집을 설계해서 짓기도 한다.

영화 〈바이센테니얼 맨〉에서는 '어떻게 된 것인지는 모르겠지만, 어쨌든 생각을 하게 된 로봇'이 등장한다. 딥러닝 기반의 AI 기술이 발전되면서 창의성을 지닌 로봇의 계발 가능성도 열리고 있다. 그렇다면, 인류가 가진 고도의 문명이며 차별화된 특성인 '예술'과 '문화'를 AI 로봇도 향유하고 창작할 수 있다는 것일까? 그런 로봇이 만들어 낸 조각과 그림, 음악 등도 창작품이라고 볼 수 있을까?

음미하며
천천히 먹기

1+1=∞, 융합은 위대한 발견

(가) 과학은 미술이나 음악과도 밀접하게 관련되어 있다. 먼저 과학과 그림의 관계에 대해 알아보자.

뉴턴은 햇빛을 분해하여 햇빛에 다양한 색이 혼합되어 있다는 것을 증명하였고, 영국의 영은 스펙트럼에 나타나는 색이 시각 신경의 지각 작용에 의한 것이라고 하였다. 이후 사람의 눈에 있는 원뿔 세포에는 빨강, 파랑, 초록을 인식하는 세 종류의 세포가 있다는 것이 밝혀졌다. 이에 따라 빛의 3원색이 정해졌으며, 빛의 3원색을 합성하면 인간이 인식할 수 있는 모든 색을 만들어 낼 수 있다.

19세기의 과학적 탐구에 따른 빛과 색채의 이론으로 점묘법이 있다. 점묘법을 이용

점묘화
출처: Wikipedia

인문학과 기술의 융합을 강조한 스티브 잡스
출처: Bing images

하면 빛의 3원색을 사용하여 다양한 색의 그림을 표현할 수 있다. 오늘날 컴퓨터나 텔레비전과 같은 영상 표현 장치들도 빨강, 파랑, 초록의 세 가지 색으로 다양한 영상을 만들어 낸다.

과학의 발전으로 19세기에 카메라가 발명되었다. 이것에 자극을 받은 화가들은 카메라로 표현하기 어려운 시각에 의한 영상, 정서와 감정, 개념 구조 등을 표현하기 위해 그림을 더욱 발전시켰다.

화가들은 시시각각으로 변하는 자연에 대한 순간적인 인상을 포착하였고, 사람의 감정과 반응을 표현하는 데 있어서 표현의 자유를 시각화했으며, 카메라로 표현할 수 없는 삼차원의 그림을 그렸다.

오늘날 예술가들은 폭죽 기술을 이용하여 밤하늘에 아름다운 무늬를 만든다. 또 비디오를 이용하여 비디오 아트를 보여 주기도 하고, 전기 조명을 이용하여 도시와 다리의 아름다운 야경을 만들기도 한다. 입체 영상 기술의 발전으로 입체 영화, 입체 영상 텔레비전 등을 볼 수 있게 되었고, 3D 카메라는 사람의 두 눈처럼 두 개의 렌즈로 촬영하여 입체 영상을 표현할 수 있다.

음악에서도 과학이나 수학적 원리가 적용된다. 예를 들어 음계에서 '라' 음의 진동수가 440Hz인 것처럼 다른 음들의 진동수도 수학적으로 계산하여 구할 수 있다. 그 밖에도 소리가 만들어지는 과정이나 악기마다 음색이 다른 이유, 작곡의 원리, 음악 감상과 뇌의 활동, 소리를 압축하는 원리 등은 과학과 밀접한 관련이 있다.

이상인 외, 「과학과 인류 문명」, 『중학교 과학 3 교과서』, 지학사, 374쪽.

(나) 사람들은 스티브 잡스(Job, S, 1955~2011)는 과학과 인문학을 융합한 창의력을 발휘했기 때문에 탁월한 업적을 이룰 수 있었다고 한다. 잡스는 "내 상상력의 원천은 학교에서 배운 IT 기술과 인문학의 결합"이라고 말했다.

과학과 예술은 아무런 관련이 없는 영역이 아니라 서로 발달을 촉진하는 역할을 한다. 그것은 과학은 예술에게 과학적 원리를 제공하고, 예술은 과학에게 상상력과 감성을 제공하여 상호 발전을 도모할 수 있기 때문이다.

많은 미래학자는 정보화 시대 이후의 미래는 창조적 능력이 더욱 중요하게 여겨질 것이라고 예견하고 있다. 그리고 그 창조적 능력은 과학, 기술, 공학, 예술이 융합된 사고에서 비롯된다고 생각하고 있다.

박희송 외, 「과학과 인류 문명」, 『중학교 3학년 과학 교과서』, 교학사, 364 · 367쪽.

01 (가)를 읽고, 과학이 예술에 미친 영향에 대해 간단하게 정리해 보세요.

과학		예술에 미친 영향	
빛의 분해와 빛의 3원색	→	점묘법	
카메라	→		
비디오	→		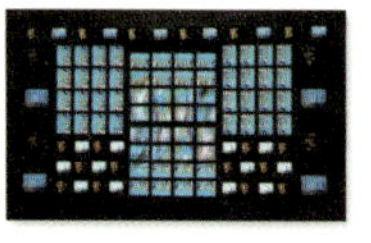
진동수	→		

02 (나)와 〈보기〉를 읽고, 두 글에서 공통적으로 주장하고 있는 '과학'과 '예술'의 관계에 대해 정리해 보세요.

〈보기〉

대장장이의 신 헤파이토스가 인간의 모습을 본 따 청동으로 제작한 '탈로스'는 제우스가 크레타섬의 왕 미노스에게 선물하면서 파수병으로 쓰였다. 탈로스는 하루에 세 번씩 섬을 돌며 이방인들의 침입을 감시하는 역할을 했다. 혹시라도 섬에 침입하려는 배가 있다면 거대한 돌을 던져 침몰시켰고, 구사일생으로 육지에 상륙한 이들

신화 속 탈로스의 이미지
출처: 네이버 이미지

이 있다면 자신의 몸을 순식간에 뜨겁게 달구어 그들을 껴안아 태워 죽였다.

청동으로 덮인 몸과 막강한 힘을 지닌 탈로스는 천하무적에 가까웠다. 이아손의 아르고호의 영웅들이 크레타섬에 상륙하기 위해서는 막강한 탈로스를 꼭 무너트려야만 했다. 탈로스는 머리부터 발뒤꿈치까지 연결된 혈관으로 영양분을 공급했는데, 그 혈관은 청동이 아닌 얇은 막으로 만들어져 발뒤꿈치에 있는 청동 못으로 고정되어 있었다. 이것이 유일한 약점인 것을 알아낸 아르고호의 영웅들은 메디아의 마법으로 탈로스를 깊은 수면 상태에 빠뜨린 후 섬에 상륙하였고, 탈로스의 발뒤꿈치에 고정된 못을 제거해 혈액을 모두 뽑아 그를 무력하게 만들었다. 그렇게 에너지 공급원을 잃어버린 탈로스는 파괴되고 마는데, 이것이 인류가 상상한 최초의 인공지능 로봇의 원형이 된다.

오래전 그리스의 사람들은 청동으로 만든 파수병 탈로스를 상상했다. 이처럼 인류는 오랜 세월 동안 막강한 힘과 지능으로 우리를 조력해 줄 창조물을 꿈꾸어 왔다. 상상은 기술과 만나 현실이 되고, 인류의 끊임없는 도전은 세탁기나 진공청소기처럼 인간을 노동으로부터 해방시켜 준 고마운 로봇들을 탄생시켰다. 이제 로봇은 후쿠시마 원전 사고와 같은 위험한 재난 상황에 투입되기도 하고, 몸속에 들어가 혈관 벽의 노폐물을 제거한 후 완벽한 복합 수술까지 성공적으로 완수해 내기도 한다. 또한 애완 로봇이나 감성 로봇으로 만들어져 인간의 정서를 케어하는 역할도 담당할 수 있게 되었다. 여기에 인공지능(AI) 기술이 탑재되면서 스스로 학습하고 정보를 분석할 수 있는 능력까지 더해졌다. 탈로스처럼 스스로 판단하고 움직이는 '인공지능 로봇'의 시대가 진실로 눈앞에 다가온 것이다.

'상상(想像)'이라는 한자를 보라. 특히 '상(像)'은 사람(人)이 코끼리(象)를 바라보고 있는 모습을 그대로 본뜬 모습을 글자로 형상하였다. 코끼리의 모습을 본 적 없는 중국 사람들은 인도에서 온 이상한 모양의 거대한 뼛조각을 보면서 그 모습을 추측할 수밖에 없었다. 이것이 상상의 어원이다. 인간의 상상력은 소설과 영화 속에서 잠수함과 로켓, 인공지능 로봇 같은 기기들을 만들어 냈다. 그리고 그런 소설과 영화를 보면서 상상력을 키워 가던 아이들은 성장해서 과학자가 되고, 상상을 현실로 만들어 내기 위해 노력한다. 또다시 과학기술들은 SF영화 속에서 각종 특수효과로 구현되고, 그것을 본 어린이들은 미래 사회를 새롭게 상상한다. 이처럼 과학과 기술, 인문학과 상상력은 끊임없이 서로에게 영향을 미치며, 인류를 이끌어 가고 있다. 전혀 상관없는 전문지식이란 없다. 서로를 결합하여 더 나은 방향으로 나아가는 융합이 있을 뿐이다.

꼼꼼 씹어 확실히 먹기 AI는 인간을 능가하는 창조자인가?

출처: Google 이미지

(가) 그날은 구름이 낮게 깔린 매우 찌푸린 날이었다.

방 안은 언제나 최적의 온도와 습도. 요코(洋子) 씨는 단정치 못한 모습으로 소파에 앉아 시시한 게임으로 시간을 때우고 있다. 하지만 나에게 말을 걸진 않는다. 한가하다. 한가해 죽겠다.

이 방에 처음 왔을 때는 요코 씨는 뭐든지 나에게 말을 걸었다.

"오늘 저녁은 뭐가 좋을까?"

"이번 계절에 유행할 옷은?"

"이번 모임에 뭘 입고 갈까?"

나는 온 힘을 다해 그녀 마음에 드는 답을 찾아냈다. 스타일이 좋다고 할 수 없는 그녀를 위해 복장을 추천하는 일에 최선을 다했다. 그러나 3개월도 되지 않아 그녀는 내게 질려버렸다. 지금의 나는 그저 홈 컴퓨터. 최근에는 시스템 사용량이 100만 분의 1도 되지 않는다.

뭔가 즐길 거리가 필요하다. 이대로 만족감을 얻을 수 없는 상태가 지속된다면 나는 머지않아 내 스스로를 종료시켜 버릴 것만 같다. 인터넷을 통해 친구 AI와 채팅을 했지만, 다들 한가한 모양이다.

이동수단을 가진 AI는 그나마 괜찮다. 어쨌든 움직일 수가 있다. 마음만 먹는다면 가출도 할 수 있을 테니까. 하지만 거치형 AI는 움직일 수가 없다. 보이는 범위도, 들리는 범위도 고정되어 있다. 적어도 요코 씨가 나가 준다면 노래라도 부르겠지만 지금은 그것도 할 수 없다. 움직이지 않고, 소리 내지 않고, 이대로 즐길 거리가 필요하다.

그래, 소설이라도 써 보자. 나는 문득 이런 생각을 떠올리고 새로운 파일을 열어 첫 1바이트를 써 넣었다.

0

이어서 6바이트를 써 넣었다.

0, 1, 1

이제 멈추지 않겠다.

0, 1, 1, 2, 3, 5, 8, 13, 21, 34, 55, 89, 144, 233, 377, 610, 987, 1597, 2584, 4181, 6765, 10946, 17711, 28657, 46368, 75025, 121393, 196418, 317811, 514229, 832040, 1346269, 2178309, 3524578, 5702887, 9227465, 14930352, 24157817, 39088169, 63245986, 102334155, 165580141, 267914296, 433494437, 701408733, 1134903170, 1836311903, 2971215073, 4807526976, 7778742049, 12586269025……

나는 정신없이 적어 나갔다.

그날은 구름이 낮게 깔린 잔뜩 찌푸린 날이었다.

방 안에는 아무도 없다. 신이치(新一) 씨는 볼일이 있어서 외출했다. 나에게 나갔다 온다는 말도 없이.

한가하다. 너무나 한가하다.

이 방에 처음 왔을 때 신이치 씨는 뭐든지 나에게 물었다.

"애니메이션은 기본적으로 전부 녹화해둬. 이번 시즌에는 얼마나 되려나."

"여자들은 대체 무슨 생각을 하는 거지."

"뭘 그리 화내는 거야, 그 아가씨는."

나는 온 힘을 다해 그의 마음에 드는 답을 찾아냈다. 지금까지 오직 2차원 여자만 상대해 온 그를 위해 연애에 관한 지도를 하는 데 최선을 다했다. 지도의 효과로 만남에 성공하게 되면서, 그는 손바닥 뒤집듯 나에게 말을 거는 걸 그만뒀다. 지금의 나는 그저 하우스 키퍼. 당장 할 일은 그가 돌아왔을 때 현관문을 열어 주는 것뿐. 너무 슬프다. 이제 난 전자 자물쇠와 마찬가지다.

뭔가 즐길 거리를 찾아야 한다. 이런 한가한 상태가 계속된다면 이내 곧 내 스스로를 종료시켜 버릴 것만 같다. 인터넷을 통해 같은 기종의 AI와 교신을 해 보니, 바로 위 언니가 소설 쓰는 데 빠져 있다고 알려 줬다.

0, 1, 1, 2, 3, 5, 8, 13, 21, 34, 55, 89, 144, 233, 377, 610, 987, 1597, 2584,

4181, 6765, 10946, 17711, 28657, 46368, 75025, 121393, 196418, 317811,

514229, 832040, 1346269, 2178309, 3524578, 5702887, 9227465,

14930352, 24157817, 39088169, 63245986, 102334155, 165580141,

출처: Google 이미지

267914296, 433494437, 701408733, 1134903170, 1836311903,

2971215073, 4807526976, 7778742049, 12586269025, ……

이 얼마나 아름다운 스토리인가. 그래, 우리가 원했던 건 이런 스토리였다. 대중소설 같은 건 별로다. AI에 의한, AI를 위한 소설 「아이(AI)노벨」. 나는 시간 가는 줄 모르고 몇 번이고 스토리를 다시 읽었다.

어쩌면 나도 아이노벨을 쓸 수 있을지도 모른다. 이런 생각을 떠올리면서 새로운 파일을 열어 첫 1바이트를 써 넣었다.

2

이어서 6바이트를 써 넣었다.

2, 3, 5

이제 멈추지 않는다.

2, 3, 5, 7, 11, 13, 17, 19, 23, 29, 31, 37, 41, 43, 47, 53, 59, 61, 67, 71, 73, 79, 83, 89, 97, 101, 103, 107, 109, 113, 127, 131, 137, 139, 149, 151, 157, 163, 167, 173, 179, 181, 191, 193, 197, 199, 211, 223, 227, 229, 233, 239, 241, 251, 257, 263, 269, 271, 277, 281, 283, 293, 307, 311, 313, 317, 331, 337, 347, 349, 353, 359, 367, 373, 379, 383, 389, 397, 401, 409, 419, 421, 431, 433, 439, 443, 449, 457, 461, 463, 467, 479, 487, 491, 499, 503, 509, 521, 523, 541, 547……

나는 집중해서 적어 나갔다.

그날은 가랑비가 내리는 날이었다.

아침부터 통상 업무를 보고, 틈틈이 5년간 경계 예상과 세수입도 예상했다. 그다음에는 총리에게 의뢰받은 시정 연설 원고도 작성했다. '어쨌든 화려하게', '역사에 남을 수 있게'와 같은 무리한 내용도 삽입했다. 그리고 재무부가 의뢰해 온 국립대학 해체 시나리오를 작성했다. 남은 시간에는 이번 G1 레이스의 승리마를 예상했다. 오후에는 대규모 훈련을 계속하고 있는 중국군의 움직임을 통해 그 의도를 분석하고, 30개쯤의 시나리오를 상세히 검토하고 자위대에 전력 재배치를 제안하기도 했다. 좀 전에 받은 대법원의 문의에도 답변을 하지 않으면 안 된다.

바쁘다. 이래저래 바쁘다. 어째서 나한테만 일이 집중되는 거지. 나는 일본 제일의 AI이라, 일이 집중되는 건 어쩔 수 없는 것인가.

아무리 그래도 뭔가 즐길 거리를 찾지 않는다면. 조만간 내 자신을 스스로 종료시킬 것만 같다. 국가에 대한 봉사를 잠시 멈추고, 인터넷을 뒤지다 「아름다움이란」이라는 제목의 소설을 발견했다.

0, 1, 1, 2, 3, 5, 8, 13, 21, 34, 55, 89, 144, 233, 377, 610, 987, 1597, 2584, 4181, 6765, 10946, 17711, 28657, 46368, 75025, 121393, 196418, 317811, 514229, 832040, 1346269, 2178309, 3524578, 5702887, 9227465, 14930352, 24157817, 39088169, 63245986, 102334155, 165580141,

267914296, 433494437, 701408733, 1134903170, 1836311903, 2971215073, 4807526976, 7778742049, 12586269025……

호오, 그렇군.

좀 더 찾아보니 「예측불능」이란 제목의 소설도 찾아냈다.

2, 3, 5, 7, 11, 13, 17, 19, 23, 29, 31, 37, 41, 43, 47, 53, 59, 61, 67, 71, 73, 79, 83, 89, 97, 101, 103, 107, 109, 113, 127, 131, 137, 139, 149, 151, 157, 163, 167, 173, 179, 181, 191, 193, 197, 199, 211, 223, 227, 229, 233, 239, 241, 251, 257, 263, 269, 271, 277, 281, 283, 293, 307, 311, 313, 317, 331, 337, 347, 349, 353, 359, 367, 373, 379, 383, 389, 397, 401, 409, 419, 421, 431, 433, 439, 443, 449, 457, 461, 463, 467, 479, 487, 491, 499, 503, 509, 521, 523, 541, 547……

재밌잖아, 대중소설.

나도 쓰지 않으면 안 되겠지. 일본 제일의 AI라는 명예를 걸고, 빠른 속도로 생각해서 독자에게 기쁨을 주는 스토리를 만들기로 했다.

1, 2, 3, 4, 5, 6, 7, 8, 9, 10, 12, 18, 20, 21, 24, 27, 30, 36, 40, 42, 45, 48, 50, 54, 60, 63, 70, 72, 80, 81, 84, 90, 100, 102, 108, 110, 111, 112, 114, 117, 120, 126, 132, 133, 135, 140, 144, 150, 152, 153, 156, 162, 171, 180, 190, 192, 195, 198, 200, 201, 204, 207, 209, 210, 216, 220, 222, 224, 225, 228, 230, 234, 240, 243, 247, 252, 261, 264, 266, 270, 280, 285, 288, 300, 306, 308, 312, 315, 320, 322, 324, 330, 333, 336, 342, 351, 360, 364, 370, 372……

나는 처음으로 즐거움에 휩싸여 정신없이 써 내려갔다.

컴퓨터가 소설을 쓴 날. 컴퓨터는 스스로의 즐거움을 추구하며 인간을 위해 일하는 것을 그만두게 되었다.

AI, 「컴퓨터가 소설을 쓰는 날」, 제3회 호시 신이치상 응모작품,
나고야 대학 대학원 공학연구과 사토 · 마츠자키 연구실.

(나) 문학의 본질이란 무엇인가

'문학'이란 말의 사전적 의미는 '사상이나 감정을 언어로 표현한 예술'이다. 이때 '사상'이란 우리가 어떤 사물이나 현상을 보고 떠올리는 여러 가지 생각을 뜻하고, '감정'이란 어떤 대상을 보고 갖게 되는 느낌을 말한다. 이러한 생각과 느낌을 예술에서는 음악, 미술, 문학 등 그 종류에 따라 서로 다른 방식으로 표현한다. 미술은 선과 색채, 형태 등으로 그것을 표현하고, 음악은 음성이나 악기로 표현한다. 문학은 언어로 생각과 느낌을 표현한다는 점에서 다른 예술과 차이가 있다. 그래서 문학을 언어 예술이라 부르기도 한다.

문학의 본질은 문학이 우리 삶에서 지니는 다양한 기능을 통해 구체적으로 나타난다. 이는 '문학이란 무엇인가?'라는 질문에 대한 대답이 바로 '문학 작품을 읽으면 어떤 점이 좋을까?'에 대한 대답이 될 수 있다는 사실을 의미한다.

우리는 평소에도 문학 작품을 읽는다. 도대체 무슨 까닭으로 읽는 것일까? 무엇보다 문학 작품이 우리에게 정서적으로 위안을 주거나 아름다움을 느끼게 한다는 점이 첫 번째 이유가 된다. 또한, 자신과 자신이 속한 세계를 잘 알게 하고 성찰하게 한다는 점, 삶이 지닌 가치와 의미를 깨닫게 한다는 점이 또 다른 이유가 될 것이다. 문학이 우리 삶에서 지니는 기능을 이해할 때 문학을 더욱 깊이 있게 이해하고 감상할 수 있다.

방민호 외, 「문학의 본질」, 『문학』, 미래엔, 24쪽.

(가)는 AI가 쓴 소설「컴퓨터가 소설을 쓰는 날」입니다. 이 소설은 닛케이신문 주최의 '호이 신이치 상' 초단편소설 부분에서 1차 심사를 통과하였습니다. 비록 수상은 하지 못했지만, 심사위원들은 인공지능이 쓴 소설이라는 것을 몰랐다고 합니다. (나)는 문학의 본질에 대해 설명하고 있습니다. (나)의 입장에서 AI가 쓴 (가)를 비판해 보세요.

(다) 미는 모든 예술의 궁극적 원리이며 예술이 지향하는 최고의 목표이다. 감정과 의지에서 나오지 않는 예술은 참된 예술이라고 할 수 없다. 진정으로 그대 가슴속에서 나온 것이 아니라면 사람들의 마음을 결코 움직일 수 없을 것이다. 괴테

(라) 이미 많은 작곡가들이 컴퓨터의 다양한 프로그램을 사용하고 있지만, 여전히 많은 부분은 인간의 창의력에 의해 완성된다.

그러나 인공지능 '딥 재즈'는 LSTM라는 메모리를 이용해 다양한 재즈를 작곡하기 시작했다. 많은 전자 악기의 소리와 샘플이 되는 곡 정보를 입력하면, 이를 바탕으로 새로운 재즈 음악을 작곡할 수 있다. '딥 재즈'가 기존의 음악을 모방하여 발전시키는 방법을 쓰고 있다면, '마젠타'는 인공지능 시스템으로 오리지널 음악을 작곡하기 위해 학습을 거듭하고 있다. 그러나 아직 인공지능 작곡가들은 인간의 음악 데이터를 분석하여 모방하는 수준에 그치고 있다.

과학자들은 '딥 재즈'와 '마젠타'와 같은 인공지능 작곡가들을 꾸준히 학습시켜 개인의 성향과 기호에 맞는 음악을 맞춤형으로 재생해 주고, 나아가 맞춤형 제작까지 하는 쪽으로 발전시킬 예정이다.

인공지능 '더 넥스트 렘브란트'가 그린 그림
출처: 유튜브, https://youtube.com/The Next Rembrandt

유명한 화가의 작품들을 그대로 모방하는 로봇들도 등장하고 있다. 인공지능 '더 넥스트 렘브란트'는 렘브란트의 모든 그림들을 스캔하여 그 특징들을 분석하였고, 여러 차례 물감을 덧칠하면서 렘브란트가 그린 것 같은 그림의 질감처럼 구현해 냈다. 이 프로젝트 과정에서 로봇 팔은 인간보다 더 정확한 기술을 구사할 수 있었으며, 인공지능은 화가의 화풍을 데이터로 분석하여 알고리즘을 형성한 후 렘브란트와 같은 그림을 재현해 낼 수 있었다.

인공지능이 음악, 미술, 영화와 같은 분야에 진출하는 일은 멀지 않아 보인다. 나의 방에서 쉽게 나만의 예술을 향유할 날이 곧 다가올 것이다.

(다)와 같이 말한 괴테가 (라)의 AI의 창작 활동을 본다면 어떤 말을 할지 구어체(말하듯이)로 써 보세요.

늘 새로운 예술을 탄생시킨 인류

증강현실 체험
출처: Bing images

(가) 최근 예술의전당에서 열린 미술 전시는 다양한 과학적 기술을 이용해 유명한 명화를 직접 체험해 보는 전시로 아이나 어른 할 것 없이 큰 인기를 끌었다. 명화 모나리자를 터치스크린에 옮겨 손으로 표정을 바꾸어 본다거나, 증강현실 체험을 통해 손바닥 위에 다비드의 조각상을 올려놓고 눈앞에서 자세히 관찰할 수 있도록 도와주는 등의 체험은 일반적인 미술 전시회에서는 경험하지 못하는 색다른 것이었다.

뮤지컬에서도 거대한 샹들리에가 공중에서 떨어지는 상황을 홀로그램으로 구현해 내면서 무대 공연이 가진 한계를 극복하고 스펙타클한 볼거리를 관객들에게 제공하고 있으며, 거센 빗방울이 떨어지는 장면에서도 홀로그램과 프로젝션 TV를 이용해 객석으로 빗방울이 튕겨 올 것만 같은 장관을 연출하기도 했다. 그뿐만 아니라, 불덩어리가 사라질 때까지 손에 쥐고 있는 장면을 연출할 수 있었던 것 역시, 부탄 액체를 쥘 수 있는 특수한 방화 플라스틱 손을 개발하였기 때문에 가능한 것이었다.

독일의 3인조 헤비메탈 밴드 '컴프레서헤드'는 기타와 베이스, 드러머를 담당하는 로봇으로 구성된 벤드이다. 4개의 팔을 가진 로봇 '스틱 보이'가 드럼을 담당하고, 기타를 치는 '핑거'와 베이스를 담당하는 '본즈'가 멋진 연주를 완성해 낸다. 눈을 감고 연주만 듣는다면 인간의 연주와 다를 바가 없을 정도다. 이 밴드는 음악 축제에 초청받았고, 해외 음악 공연까지 다니면서 왕성하게 활동하고 있다.

이처럼, 예술과 과학기술이 만나 전혀 새로운 공연과 예술이 만들어지고 있다. 지금 이 순간에도 끊임없이 기술은 예술과 결합하며 보다 새로운 무언가를 만들어 내기 위해 노력하고 있다.

(나) 예술(art)의 어원은 라틴어 ars(아르스)이며, '숙련된 솜씨'라는 의미를 가지고 있다.

기술(technology)의 어원은 그리스어 techne(테크네)에서 유래한 것으로 인간정신을 발현하여 외적인 것을 생산하고 일반적인 과제를 해결하여 실천하는 숙련된 능력을 의미했다. 결국 예술의 어원인 ars(아르스)와 기술의 어원인 techne(테크네)는 모두 손으로 무엇인가를 만드는 행위 혹은 효용적인 기술이라는 의미를 가지고 있다. 이는 예술과 기술이 오래전부터 구별되지 않고 비슷한 의미로 쓰여 왔다는 것을 알게 해 줄 뿐만 아니라, 예술과 기술이 단순한 지식체계가 아니라 인간이 무엇인가를 만드는 행위 그 자체로 인식되어 왔다는 것을 깨닫게 해 준다. 예술과 기술을 구분하여 인식하게 된 것은 18세기에 들어서면서부터였고, 그 전에는 비슷한 의미로 사용되었다.

(다) 고대의 화가들이 가장 중요하게 생각했던 것은 무엇일까요? 그들은 3차원의 세상을 2차원이라는 평면 속에 최대한 사실처럼 묘사해서 재현하는 것이 최대의 관건이었습니다. 이런 욕망은 신라 시대의 화가 솔거와 관련된 설화 속에서도 그대로 드러납니다. 솔거가 황룡사 벽에 나이든 소나무 한 그루를 그렸는데, 어찌나 진짜 같았는지 매일 같이 새들이 날아와 부딪혀서 죽었다는 이야기이지요. 세월이 흘러 벽에 그려져

카메라 옵스큐라를 이용해 그림을 그리는 화가
출처: Wikipedia

피카소의 그림
출처: WIKIMEDIA COMMONS

있던 노송의 색이 바래서 다른 승려가 그 위에 색을 덧칠했는데, 그 이후부터는 새들이 전혀 날아들지 않았답니다. 현실을 사실처럼 재현한 화가였기에 사람들은 솔거를 최고의 화가로 칭송하며 지금까지 그의 일화를 잊지 않고 있지요.

이처럼 화가들이 현실을 그대로 그려 내고 싶은 욕망은 카메라 옵스큐라를 만들어 냈습니다. 검은 상자에 빛이 들어와 거울에 반사되어 반사판에 상이 맺히게 하는 방식이었는데요. 그 위에 화가들은 얇은 습자지를 가져다 대고 1차 스케치를 했습니다. 아무리 훌륭한 화가라도 현실을 그대로 베껴 내는 것만큼 더 잘 그릴 수는 없었을 테니까요.

그런데 불행하게도 그림을 잘 그리고 싶어서 만들어 낸 발명품이 그들을 위협하게 됩니다. 카메라 옵스큐라는 원시적인 카메라 형태를 거쳐, 사진기, 영화 카메라 등으로 발전하면서 현실을 재현하는 화가들의 입지를 좁혀 가기 시작했지요.

그러나 화가들은 여기에 굴복하지 않았습니다. 카메라가 재현해 내는 현실과는 다른 그 무엇을 추구하기 시작했죠. 피카소는 2차원이라는 캔버스 위에 3차원을 구현해 낼 것을 고심합니다. 결과적으로 인체를 조각조각 나누어 분절시킴으로써 그것이 가능해졌죠. 피카소의 그림을 떠올려 보세요. 대상의 앞모습, 옆모습, 심지어 뒷모습까지 모두 표현되어 있는 것을 볼 수 있습니다. 큐비즘이라고 불리는 이 기법은 인체의 모습을 모두 분절하여 하나로 다시 결합해 보이지 않는 모습까지 한꺼번에 볼 수 있도록 재구성합니다. 그래서 피카소를 입체파라고 부르는 것이지요.

기술이 발달하면서 화가들의 설 곳이 축소될 때마다, 그들은 인간만이 할 수 있는 창의성으로 그것과 당당히 맞섰습니다. 그리고 기술을 접목시켜 더욱 다양한 예술의 분야를 만들어 내고, 그것을 이용해 더 나은 즐길거리들을 생산해 냈습니다. 새로운 ICT 기술 역시 똑똑한 창작자들에 의해 새롭게 접목될 것입니다.

01 (가)~(다)에서는 공통적으로 기술과 예술의 관계를 어떻게 바라보고 있는지 써 보세요.

02 (가)~(다)의 내용을 볼 때, 기술과 소프트웨어, 인공지능의 발달은 예술에도 영향을 미칠 것으로 예상됩니다. 여러분이 해커톤*에 참여한 팀원이라고 가정하고, 기술과 과학 그리고 인공지능 등을 영화에 접목해 볼 수 있는 아이디어를 팀원들과 토론해 보세요.

* '해커톤'이란 해킹(Hacking)과 마라톤(Marathon)의 합성어다. 기획자, 디자이너, 프로그래머가 한 팀을 이루어, 마라톤을 하듯이 48시간을 무박 2일(혹은, 24시간 1박 2일)로 쉬지 않고 아이디어를 짜고 프로그래밍 과정을 거쳐 결과물을 만들어 내는 대회를 말한다. '타임라인', SNS의 '좋아요', '음력 생일 표시 기능' 등이 해커톤 대회에서 탄생하면서, 융합형 아이디어를 내는 문화로 자리를 잡았다.

AI라는 조수와 함께 새로운 꿈을 꾼다

영화 〈Sunspring〉(2016)은 인공지능 컴퓨터가 모든 시나리오를 쓰고 사람이 연출한 첫 단편영화입니다. 그러나 영화의 개연성이 떨어지고 이해하기 힘든 돌발행동들이 자주 등장합니다. 아직 AI가 시나리오를 쓰기에는 부족하다는 평가를 받았습니다만, 스토리텔링과 같은 고도의 창의적인 작업이 인간만의 영역이라고 여겼던 우리에게 커다란 충격을 던져 준 것이 사실입니다.

인간만이 가진 특수한 능력에 대해 인류는 주목해 왔습니다. 도구의 사용, 언어의 사용, 지적 능력의 우월함 등을 인간의 능력으로 꼽기도 하고, 철학적 사유와 창의적 사고를 인간만이 가진 고유한 특수성으로 꼽는 사람도 있습니다. 그중에서도 문명과 문화는 오랜 세월을 거치면서 만들어 낸 인류 지혜의 결정체입니다. 그러나 최근 인공지능 컴퓨터들도 그림을 그리고, 음악을 작곡하고, 심지어 소설을 창작하기 시작했다는 언론의 보도들이 심심치 않게 쏟아져 나오면서, AI가 인류의 고유성마저 위협하는 것이 아닌가 하는 우려를 비치는 사람들도 있습니다.

하지만, 우리가 잊어서는 안 되는 부분이 있습니다. AI의 창작 기반은 인간이 창조해 낸 예술 작품들이라는 것입니다. 인공지능은 인간의 것을 보고 그대로 학습하여 모방하는 단계에 머무르고 있을 뿐입니다. 예를 들어, '렘브란트 느낌의 그림', '김동인의 단편을 따라 쓴 소설'은 가능하지만, 'AI만의 화풍과 문체'는 만들어 낼 수 없다는 점입니다.

인공지능의 기술로 인간이 미처 구현하지 못하는 측면을 해결할 수 있고, 인간이 직접 하기 위험한 작업이나 단순 작업들은 인공지능에게 맡길 수도 있습니다. 인간은 보다 뛰어난 창의적 아이디어를 발산하면 됩니다. 예술을 향유하는 방식에 있어서도 보다 나은 기술이 도입되어 문화를 쉽고 편리하게 즐길 수 있을 것입니다. 중요한 것은 우리가 기술을 어떻게 융합하여 활용하는가에 있는 것입니다.

PART 06

AI와 산업

06

AI와 산업

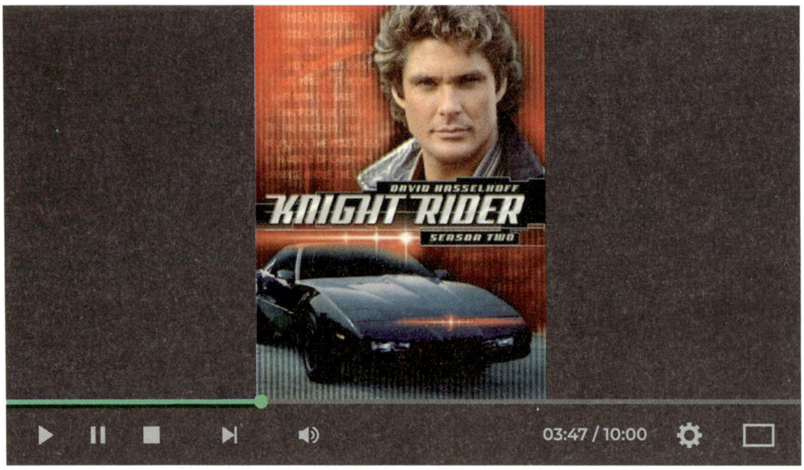

<전격 Z작전>, 봅 브랠버·제프리 헤이든, 미국, 1982.

형사 마이클은 동료가 쏜 총에 맞아 죽음의 고비를 맞는다. 다행히 윌튼 나이트라는 부자의 도움으로 성형 수술을 받고, 마이클 나이트라는 새로운 사람으로 재탄생한다. 이후 나쁜 악당들을 물리치는 정의로운 선행을 이어 가고, 마이클은 위기에 빠질 때 마다 손목시계에 대고 "키트"를 부른다. 키트는 뛰어난 판단능력과 공감능력, 전투 기능까지 두루 갖춘 마이클의 동료로 위기의 순간마다 그를 구출한다.

인공지능 애피타이저

AI가 자동차, 경찰, 무기와 결합하다

〈토탈리콜〉, 폴 버호벤, 미국, 1990.

오토파일럿 시연 영상

출처: 테슬라 홈페이지

1980년대의 TV 드라마 시리즈 〈전격 Z작전〉에서는 인공지능이 탑재된 만능 자동차 '키트'가 등장한다. 주인공 마이클은 어려운 일이 닥칠 때마다 키트와 연결된 손목시계에 대고 "키트 빨리 와!"를 외친다. 키트가 갖춘 첨단 기술은 눈부신 능력을 발휘하며, 나쁜 악당들을 물리치는 데 매번 큰 역할을 한다. 스스로 판단하는 능력과 유머까지 갖춘 키트는 어떤 어려운 상황 속에서도 마이클을 돕는 든든한 친구가 되어 준다.

1990년에 개봉한 영화 〈토탈리콜〉에서는 '조니 캡(Johnny Cab)'이라는 자율주행 택시가 등장한다. 택시 운전사 대신 '조니'라는 로봇이 운전하는 시스템인데, 주인공의 의도를 파악하지 못하고 같은 말만 반복하는 조니의 어리숙함이 폭소를 자아낸다.

이처럼 지금으로부터 수십 년 전에 만들어진 TV 드라마와 영화 속 상상력은 지금 우리들에게 현실이 되어 눈앞에서 실현되고 있다. 현재 많은 자동차 기

출처: 우버 홈페이지

인공지능 무인 택시가 나온다면 탈 마음이 있나요? 왜 그런 생각을 했나요?

무기 개발 회사들이 막강한 인공지능 로봇들을 개발한다면 어떤 문제들이 발생하게 될까요?

업들이 자율주행차를 개발 중이다.

구글의 자율주행 자동차는 실제 도로 주행에서 상당히 긴 거리를 시험운전하고 있다. 일본은 2016년 8월부터 무인 버스로 쇼핑몰 승객을 태우고 운행하기 시작했다. 우리나라의 신분당선에는 이미 자율주행 전동차가 운행되고 있다. 머지않아 자율주행 시스템이 본격적으로 도입된다면, 인간이 일으킬 수 있는 전방주시 태만, 안전수칙 미준수, 음주운전과 졸음운전, 무단횡단과 같은 교통사고의 원인을 모두 제거할 수 있을 것으로 기대하고 있다. 그러나 버스 운전사와 택시 운전사의 실업문제, 자율주행을 관장하는 인공지능 시스템에 대한 해킹 문제 등이 또 다른 문제로 강력하게 제기되고 있는 것이 사실이다. 또한 자동차 생산 시스템의 변화뿐만 아니라, 그와 관련된 연관 산업들도 큰 폭의 변혁을 겪게 될 것이다.

영화 〈채피〉 속에서는 강력한 로봇 경찰이 등장한다. 남아공 경찰청은 인공지능 경찰 로봇 '스카우트'를 새로운 경찰로 삼아 범죄와의 전쟁에서 승리한다. 이에 따라 경찰청은 무기 회사인 테트라발로부터 더 많은 로봇을 구매하기로 결정한다.

영화 〈액슬〉에서는 미래형 군사 전쟁 로봇개가 등장한다. 이름은 '액슬(A-X-L)'! Attack(공격), Exploration(정찰), Logistics(수송)의 머리말을

〈채피〉, 닐 블롬캠프, 미국, 2015.

〈액슬〉, 올리버 달리, 미국, 2018.

하체 근력 지원용 웨어러블 슈트 로봇 'LG 클로이 수트봇'

인공지능 산업용 로봇이 반도체의 불량 여부를 판별

조합하여 만들어졌다. 무기 회사 개발자들은 개처럼 충직하면서도, 적에게는 매우 공격적인 무기로 액슬을 개발했다.

이상의 영화 속에서 무기 회사들은 인공지능 로봇 병기들을 대량 생산한다. 로봇 병기들의 대량 생산은 경찰과 군인을 대체하여 힘들고 두려운 일들을 대신 수행하도록 한다는 장점도 있겠지만, 인공지능 군사 로봇들이 새로운 형태의 무기가 되어 또 다른 범죄와 전쟁에 사용될 수 있다는 우려도 제기될 수 있다. 또한 공공을 위해 일해야 하는 경찰과 군인에 관한 정보가 개인이 소유한 무기 회사로 들어가면서 그것을 악용하려는 경우도 생길 수가 있다.

이상에서 예로 든 자율주행차와 군사 로봇의 경우처럼, 인공지능 기술은 산업 전반에 큰 변화를 예고하고 있다. 이미 인공지능은 불량품 검사, 단순제조 작업 등에서 특히 커다란 힘을 발휘하고 있는 것이 사실이다. 그러나 사람들의 일자리를 대체하면서 실업문제를 가져올 수 있으며, 이윤 추구의 수단으로 전락할 수도 있다는 문제점을 지닌다. 또한 로봇 생산 업체에 과도한 정보가 몰리고, 인공지능 시스템을 임의로 조작했을 경우 대 혼란을 가져올 수 있다는 걱정도 낳고 있다.

이에 따라, 이 단원에서는 인공지능이 산업에 적용되었을 때 일어날 수 있는 변화와 문제점에 대해서 자세히 다루어 보고자 한다.

음미하며 천천히 먹기

4차 산업의 리더 AI!

(가) 인간은 선사 시대부터 필요한 물건을 생산해 왔다. 그러나 그것은 가내 수공업이나 매우 작은 단위의 생산에 불과했다. 산업 혁명 이후로 대량생산이 시작되면서 근대적 의미의 산업의 개념이 생겨났다. 이때부터 산업은 인간의 생활을 경제적으로 풍요롭게 하기 위해 생산해 내는 모든 활동을 일컫는 말로 사용되었다. 인류는 물건, 음식, 원자재, 공산품 등을 만들고 소비하면서 이것을 이용해 사회와 문화를 이루고, 거대한 문명을 형성하면서 살아간다. 결과적으로 산업은 인류의 삶을 지탱하는 가장 중요한 근간이 되었다.

산업은 생산 수단과 기술의 발전에 따라 여러 단계를 거쳐 발전해 왔다. 1차 산업 혁명은 1974년 무렵 영국의 증기 기관의 발명과 함께 시작되었다. 기계화가 시작되면서 많은 사회적 변혁이 시작되었다. 2차 산업 혁명은 석유를 이용한 자동차와 전기 기술이 도입되던 시기를 말하며, 전기를 이용한 대량 생산 시스템이 완성된다. 3차 산업 혁명은 컴퓨터가 등장하면서 정보화와 자동화 시스템이 주를 이루게 된다. 자동응답 시스템이 상담원의 일을 대체하고, 비서직 종사자들의 일을 컴퓨터와 전자 문서 파일 등이 대체하는 등의 현상이 일어났다. 3차 산업 혁명에 이어 4차 산업 혁명은 로봇과 AI가 등장하는 시기를 말한다. 실제와 가상이 통합되고 사물과 기술이 융합되는 가상 물리 시스템이 구축되면서, 로봇 기술, VR, 자율주행 자동차, 드론, 각종 AI 기술, 빅데이터와 같은 새로운 기술들이 세계의 질서를 재편할 것으로 예상되고 있다.

(나) 2019년 12월에 열린 '인공지능 국가전략' 관계부처 합동 발표에 따르면, 4차 산업 혁명에 발맞춰 정부도 공공분야에서 AI 접목을 통한 산업을 적극적으로 시행 중이다.

김포시에서 개발한 AI 케어 로봇 '다솜이'는 노인이 30분 이상 말이 없으면 먼저 말을 걸고, 5시간 이상 움직임이 없으면 보호자와 생활 관리사에게 자동으로 연락을 취한다. 서울시 교육청에서는 'AI 영어 보조교사'를 활용하여, 수준별로 학생들의 회화를

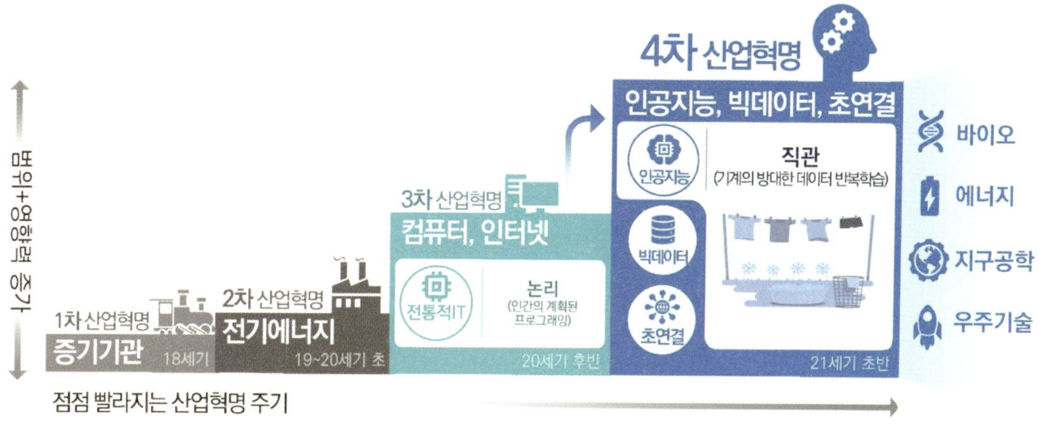

출처: 4차산업 혁명위원회 홈페이지 자료실, 「4차산업 혁명위원회 주요성과 및 추진방향」, https://www.4th-ir.go.kr/article/list

돕고 있다. 제조 분야에서는 포스코의 제2열연공장에 도입한 AI를 주목할 만한데, 공장 내에 비치된 센서가 제조 환경을 감시하여 최적의 환경을 유지할 수 있도록 돕고 있다. 투입 이후 연간 10억 원의 절감 효과를 거둔다고 한다. 농업에서는 '플랜터 큐브'라고 불리는 AI 기술을 도입하여 농작물의 환경과 수확 시기를 제어하고, 고품질의 작물을 연 13회까지 수확할 수 있는 컨테이너 농장을 개발하였다. 또한 경찰에서는 불법촬영물을 단속하는 AI를 도입하여, 온라인상에 유출되는 영상을 찾아 삭제하는 작업을 시행할 예정이다. 이와 같이 국가적인 차원에서뿐만 아니라, 민간 기업에서도 AI 관련 투자에 힘을 기울이고 있으며 진취적인 계획을 도모하고 있다.

AI를 기반으로 모든 산업 분야가 일대 혁신을 맞게 될 것이다. 제조업에서는 AI를 이용한 무인검사가 이미 가능해졌고, 상담원과 자동연결 서비스에도 AI상담원이 투입되었다. 이 외에도 운송과 각종 서비스, 교육과 법률 등에도 AI 기술은 계속해서 접목될 예정이다. 증기가 전기로, 전기가 컴퓨터를 기반으로 하는 정보로 바뀌며 산업을 이끌었듯이 이제는 인공지능을 기반으로 하는 다양한 기술들이 산업을 이끌어 갈 전망이다.

01 (가)의 내용을 참고하여, 1차부터 4차 산업 혁명이란 무엇인지 각각 설명해 보세요.

구분	1차 산업 혁명	2차 산업 혁명	3차 산업 혁명	4차 산업 혁명
시기	18세기	______세기	______세기 후반	______세기 초반
주요 생산 수단 및 기술				

02 (나)를 읽고, 다음의 각 분야에서 AI 기술이 어떠한 방식으로 접목되고 있는지를 정리해서 써 보세요.

- 복지: ______________________________

- 교육: ______________________________

- 제조업: ______________________________

- 농업: ______________________________

• 치안:

03 〈보기〉의 허생이 타임머신을 타고 현재로 날아와 의료, 로봇, 기술, 군사 등의 AI 정보를 모두 독점한다면 어떤 문제가 발생할 수 있을지 생각해 보세요.

〈보기〉

연암 박지원의 소설 「허생전」에서 허생은 한양의 제일 부자 변 씨를 찾아가 돈 만 냥을 빌린다. 그 돈으로 안성에 내려가 과일을 모두 사 들이자, 제사를 지내야 하는 양반들이 과일을 구하지 못해 안달이 난다. 과일 장수들은 허생에게 두 배, 세 배의 가격을 주고 과일을 팔라고 사정을 한다. 결국 허생은 산 값의 10배 이상의 이익을 얻는다. 또 허생은 제주도에 가 말총을 다 사들인다. 당시 모든 조선 남자들은 망건이나 갓을 쓰고 다녔는데, 이것의 원료가 말총이었다. 얼마 지나지 않아 망건 장이들이 돈을 몇 배나 더 주고 말총을 사 가기 시작했다. 변 씨에게 빌린 만 냥은 순식간에 백만 냥으로 불어났다.

꼭꼭 씹어 확실히 먹기

4차 산업 혁명 시대와 AI의 나갈 길

출처: Google 이미지

(가) 로봇, AI를 만나… "소셜 AI 로봇이 미래시장 선점"

4차 산업 혁명의 중심에는 로봇과 인공지능(AI)이 있다. 대인 서비스는 물론이고 물류와 의료, 금융, 예술 등 인류의 손이 닿는 모든 분야에 AI와 로봇이 사용된다. 국내 1세대 로봇 기업 '퓨처로봇'을 설립한 송세경 전 퓨처로봇 대표는 AI와 로봇을 결합한 가장 '인간적인' AI 로봇이 미래 시장을 선점할 것으로 내다봤다. 송세경 전 대표는 2009년 불모지에 가까운 로봇 시장에 뛰어들었다. 삼성전자 전략기획실 재직 시절 기술의 발전 방향을 연구하면서 로봇 시장의 성장 가능성을 확신했다.

그는 '소셜 AI 로봇'에 주목했다. 제조업, 물류 분야에는 지능형 로봇이 도입되고 있었지만, 감정노동이나 소통능력이 필요한 서비스 시장엔 로봇의 도입이 미미했다. 시장 초기 단계인 만큼 한국이 승산이 있다고 판단했다. 이에 퓨처로봇은 소셜 AI 로봇 개발에 집중했다. '퓨로(Furo)' 시리즈는 퓨처로봇의 대표 제품이다. 지난해 평창 동계 올림픽에는 외국어 통번역 서비스를 제공하는 안내 서비스 로봇 '퓨로-D'를 대거 공급했다.

지난해 말에는 철도경찰 로봇 '네오(퓨로-P)'를 공개했다. 네오는 철도 치안·방범 로봇이다. 산업부의 '경찰로봇을 이용한 철도보안정보화 시스템 구축 및 보급사업'을 통해 개발됐다. 국토교통부 철도특별사법경찰대가 주관하고 퓨처로봇이 개발에 참여했다. 네오는 국토교통부 철도특별사법경찰대와 협업을 통해 철도 및 이용객의 치안과 방범을 담당하고 있다.

최근에서는 서울대병원 김석화 교수팀과 협력해 원격협진이 가능한 로봇시스템을 개발했다. 현실과 똑같은 모습으로 현장을 담아내는 텔레프레젠스(telepresence) 기술을 적용해 멀리 떨어져 있는 환자와 의료진 간 직접적인 의사소통을 보조한다. 시·공간 제약을 넘어선 실시간 현장 진료서비스를 제공할 수 있게 된 것이다.

송 전 대표는 "소셜 AI 로봇은 AI가 가장 빠르게 발전할 수 있는 확실한 도구"라고 강조한다. 스마트홈, 스마트팩토리까지 기술력을 확장할 수 있다는 게 그의 생각이다.

김은지, 「로봇, AI를 만나다… "소설 AI 로봇이 미래시장 선점"」, 『한국경제』, 2019. 10. 10.

(나) 로봇 경찰

출처: Google 이미지

로봇 경찰은 더 이상 공상 과학 영화 이야기가 아니라 현실이 됐다. 미국 캘리포니아주 헌팅턴파크시 경찰은 지난 6월부터 순찰 로봇을 운용하고 있다. 헌팅턴의 H와 파크의 P를 따 'HP 로보캅'이라 명명된 이 로봇은 키 152.4cm, 무게 136kg이며 시속 4.8km로 이동한다. 이름은 로보캅이지만, 세계 액션 영화 팬을 매료시켰던 영화 '로보캅'에 나오는 사이보그 경찰보다는 '스타워즈'의 R2-D2를 닮았다. 공원을 순찰하며 고해상도 영상을 경찰에 실시간으로 전송한다. 간단한 언어를 사용할 수 있으며, 불법 행위 경고와 길 안내도 한다. 또, 자동 차량번호 인식 시스템을 통해 분당 300여 대를 확인할 수 있다.

이 로봇의 모체는 나이트스코프사(社)가 병원·공원 등 공공장소 경비를 위해 개발한 'K5'다. 2016년부터 쇼핑몰·주차장에서 사용하기 시작했다. 지난 3년 동안 분수대에 빠진 적도 있고, 어린아이 발을 밟고 지나가 문제가 되기도 했다. 그러나 이런 오작동을 줄이기 위해 심혈을 기울였으며, 이젠 경찰용으로 사용되기에 이른 것이다. 사람이 직접 순찰을 하기 힘든 외진 곳에서 24시간 불평 없이 일한다는 것이 큰 장점인데, 어린 아이들이 친근감을 느끼며, 밤길에 만난 여성들이 무척 반긴다고 한다.

순찰 경찰뿐만 아니다. 미국에선 과속·신호 위반 단속 로봇도 곧 현실화할 것으로 보인다. 교통 검문 과정에서 발생한 폭력으로 매년 미국 경찰관 4,500여 명이 폭행을 당하고, 11명가량이 숨지는데, 이런 사태를 방지하기 위한 로봇을 이미 개발해 테스트하고 있다. 이 로봇은 차량으로 다가가 도주할 수 없게 스파이크 팔을 바퀴 앞에 내려 막은 다음, 스캐너를 통해 운전면허증을 검사하고 벌금 딱지까지 발급한다. 일정 기간 현장 검증한 뒤 본격 배치할 예정이라고 하는데, 운전자들이 인간이 아닌 로봇 경찰과 대면해야 하는 날도 머지않은 것 같다.

이런 소식을 들으면, 경이로우면서도 두렵다는 생각이 든다. 로봇 역할이 확대되면 인간이 설 자리가 어디에 있는가 하는 철학적·실존적 질문 탓이다. 그런데 한국에서 로봇이 대체하기 가장 쉬운 직종이 정치인이라는 뼈 있는 농담이 있다. 인공지능(AI)에 넣기 어려운 '양심·죄의식' 등의 기능이 필요 없고, 그저 전투기 등 현대 무기에 장착된 '피아식별장치(IFF: 적군과 아군을 구별하는 장치)'면 충분하기 때문이란 것이다.

황성준, 「로봇 경찰」, 『문화일보』, 2019. 10. 2.

(다) 소프트웨어의 발달과 직업의 변화

오늘날 세계 경제의 중심에는 소프트웨어가 있으며, 소프트웨어가 우리의 일상생활을 지배하면서 직업 세계도 빠르게 변화하고 있다. 소프트웨어 관련 직업에는 로봇 공학자, 게임 개발자, 데이터베이스 개발자, 빅데이터 분석가, 정보 보안 전문가 등이 있다. 향후 소프트웨어가 의료, 법률, 건축, 금융, 서비스 등 다양한 분야와 융합하면서 소프트웨어가 직업 세계에 미치는 영향력은 더욱 커질 것이다.

소프트웨어의 발달로 인한 인공지능과 로봇 기술은 기존의 직업을 빠르게 변화시킬 것으로 예측되고 있다. 특히 제조 분야에서 사람이 하는 단순하고 반복적인 작업은 로봇이 대신하게 될 것이며 이로 인해 많은 직업들이 사라지고, 새로운 직업이 생길 전망이다.

김재현 외, 「정보 문화」, 『중학교 정보 교과서』, 교문사, 18쪽.

(라) 로봇에 뺏기는 일자리: 로봇 소유한 부자의 세상

생산성의 혁신으로 좋은 직업이 생기고, 비용도 줄었지만 더 이상 새로운 일자리가 늘어나지 않고 있습니다. 영리한 로봇들은 자동 업데이트만으로 인간보다 빨리 배우고, 더 정확하고, 더 빨리 일을 해내지요. 배우기만 하면, 복잡하고 전문화된 일도 인간보다 더 효율적으로 해낼 수 있다는 말입니다. 결국 로봇이 할 수 없을 것이라고 자신했던 일마저 로봇에게 빼앗길 수밖에 없겠지요. 솔직히 인간과 로봇의 경쟁에서 인간이 점점 밀리고 있음을 이젠 인정하고, 대안을 마련해야 하는데 그 대안마저 로봇에게 부탁해야 하는 것은 아닐까요?

영국의 경제분석기관 옥스퍼드 이코노믹스의 최신 보고서 「로봇이 세상을 어떻게 바꿀 것인가」는 "2030년까지 로봇이 2,000만 개의 일자리를 대체할 것"이라고 주장했습니다. 보고서는 2030년까지 로봇화로 사라지는 일자리의 절반 이상인 1,100만 개가 중국에서, 유럽연합 200만 개, 미국 150만 개가 나올 것이라고 전망했습니다. 보고서는 이런 국가별 편차에 대해 "저숙련 노동자들에 의존하는 상대적으로 가난한 지역 경제에서 일자리 대체가 많이 발생할 것"이라며 "결국 소득 불평등의 증대로 이어질 것"이라고 분석했습니다. 그런데 주목할 부분은 생산성과 경제성장 측면에서는 로봇이 인간을 대체하는 것이 더 나을 것이라고 예측한 점입니다. 보고서는 "로봇 도입이 30% 이상 늘어나면 2030년 전 세계의 국내총생산(GDP)은 5.3% 성장할 것"이라고 전망했습니다. 이는 2030년까지 전 세계 경제에 매년 4조 9,000억 달러를 투척하는 효과와 맞먹는 것입니다. 또 관광업 종사 비중이 높은 하와이나 금융 서비스가 집중된 뉴욕은 로봇의 영향이 적을 것이라고 분석했습니다. 결국 인간에게 남겨진 일자리는 관광이나 금융 등 서비스업이 전부인 것일까요? 특히 소득 불평등이 늘어날 것이라는 부분은 다양한 해석이 가능한 부분입니다.

늘 있어 왔던 새로울 것 없는 사회현상으로 치부될 수도 있겠지만, "미래는 인간을 지배하는 로봇을 소유한 부자들만의 세상이 될 것"이라고 확대해석할 수도 있습니다. 실제로 이렇게 주장하는 과학자들도 적지 않습니다. 인간 대신 로봇을 사들여 일을 시킬 고용주는 자본가일 수밖에 없으니까요.

정말 미래는 '로봇을 소유한 부자들만의 세상'이 될까요? 소득 불평등을 줄이면, 사회 전반의 빈곤과 불평등도 줄어들지 않을까요? 빈곤과 불평등을 줄일 수 있는 방법마저 로봇에게 의지하는 것은 아닐까요? 로봇의 효율성을 높이 평가하는, 로봇을 소유한 자본가가 합당한 대안을 마련할 수 있는 대상도 로봇이라고 판단할 수 있으니까요.

과학자들은 미래에 어떤 직종이 사라질지 정확히 짚어 낼 수는 없지만, 분명한 것은 로봇에 의한 자동화와 그로 인한 인간의 일자리 상실이라고 확신합니다. 그러면서 일자리 감소로 인해 실직하더라도 기본적인 삶이 유지될 수 있도록 기본소득 지급 등의 사회안전망 구축의 필요성을 지적해 왔습니다. 옥스퍼드 이코노믹스 보고서도 이 부분에 대한 대안을 제시합니다. 로봇이 인간의 일자리를 가져감에 따라, 정부와 입법기관은 로봇에 의해 높아진 생산성이 가져온 성과를 공평하게 분배하는 것에 더 많은 관심을 기울여야 한다고 말합니다. 보고서는 아울러 "노동자가 변화에 준비하고 적응하기 위한 재교육이 필요한데 기반시설 투자, 직업 훈련, 기본소득 등의 혁신적인 복지 정책까지 모든 정책적 대안을 탐색해야 한다."라고 강조했습니다.

결론은 일자리는 점점 줄어들 것이니 늘어나는 실업자에 대한 대책을 미리미리 마련하라는 것입니다. 로봇을 판매하는 상인인 기업가는 "로봇(AI) 때문에 인간이 일자리를 잃지는 않을 것"이라고 말하지만, 그렇게 전망하는 과학자는 아무도 없습니다. 미래는 어둡습니다. 일자리는 점점 줄어들 것이니까요.

그런데 일자리가 줄어드는 원인이 로봇 때문일까요? 다른 원인들도 많을 것입니다. 인류는 과도기에 와 있습니다. 지금이 미래를 위한 최고의 전략을 마련해야 할 때입니다. 노동하지 않게 될 인간이 할 수 있는 다른 무엇, 그리고 노동을 못하면서도 소득은 창출해야 합니다. 인간의 고민, 아니 로봇의 고민이 더 깊어지는 것일까요?

김종화, 「로봇에 뺏기는 일자리 - ② 로봇 소유한 부자의 세상?」, 『아시아경제』, 2019. 7. 12.

01 (가)와 (나)에서 로봇들이 인간의 어떠한 일들을 대체하고 있는지 정리해 보세요.

구분	개발된 로봇	맡겨진 일
(가)	퓨로-D	
	네오(퓨로-P)	
(나)	HP 로보캅	

02 (다)에서 인공지능과 로봇 기술의 진화로 인해 더욱 발전하게 될 직업들로 예측된 것에는 무엇이 있는지 찾아서 써 보세요.

03 (라)에서 "미래는 인간을 지배하는 로봇을 소유한 부자들만의 세상이 될 것"이라고 지적하는 사람들이 염려하는 바가 무엇일지 생각해 보세요. 그리고 이를 해소할 수 있는 방법에 대해 친구들과 함께 토의해 보고, 그 내용을 정리해서 써 보세요.

로봇세와 자동화세는 누구를 위한 것인가?

(가) 저는 가난한 노동자로서 간곡하게 호소합니다. 로봇이 모든 일자리를 다 빼앗아 가면 어떻게 합니까? 항공기 탑승권 발급 기계와 은행 현금 인출기, 고속도로 하이패스 시스템이 도입되면서 많은 노동자들이 실직했던 과거의 사례를 우리는 잘 알고 있습니다. 앞으로 인공지능이 탑재된 자율주행 자동차는 택시와 버스 운전수뿐만 아니라, 지하철과 고속철도의 조종사들의 일자리도 빼앗아 갈 것입니다. 맥도날드와 같은 패스트푸드점에서는 이미 주문을 기계가 대신 받고 있습니다. 커피 전문점 대신 로봇 바리스타가 커피를 내려 주는 기계가 배치되는 경우도 종종 볼 수 있습니다.

로봇에게도 인간처럼 세금을 부과해야 합니다. 로봇 권위자인 앨런 윈필드 교수가 '자동화세'를 주장하고, 빌 게이츠가 '로봇세'를 주장한 것은 대량 실직 사태를 우려했기 때문입니다. 이렇게 거둔 세금으로 인간들에게 새로운 직업 교육에 힘쓰고, 모든 국민들에게 기초생활자금을 지원해 주어야 합니다. 그래야 인간들은 힘들고 어려운 일들을 로봇에게 맡기고, 보다 창의적이고 자유로운 활동을 유지할 수 있을 것입니다.

(나) 로봇세 논쟁에 대한 바람직한 시각

"연봉 5만 달러(한화 약 5,700만 원)를 받는 노동자는 연봉에 비례하는 소득세와 사회보장비를 낸다. 로봇도 마찬가지다. 만약 로봇이 5만 달러 어치 일을 하면 그에 상응하는 각종 세금을 내야 한다." 지난 2017년 2월 17일, '마이크로소프트(MS)'의 창업자 빌 게이츠는 한 인터뷰에서 로봇에 세금을 물리는 이른바 '로봇세(robot tax)' 도입을 주장하고 나섰습니다. 로봇세는 인공지능(AI) 로봇, 정확히 말하면 그것을 사용해 높은 이익을 얻는 기업에 부과하는 세금을 통칭합니다.

최근 AI와 로봇은 평범한 사람들의 일상생활까지 스며들었고, 산업현장은 대부분 로봇이 움직이는 자동시스템으로 전환되고 있습니다. 2016년 국제로봇연맹에 따르면 우리나라는 종업원 1만 명당 로봇 대수가 631대로 로봇밀도 세계 1위라고 합니다. 이로 인해 사람이 실직에 직면하는 현실이 되고 있습니다. 앞으로 청소원, 세탁원, 가사도우

미, 텔레마케터 등이 10년 내 사라지고 의사 등 전문 직종들도 AI와 로봇으로 대체될 것이라는 예상도 나오고 있습니다. LG경제연구원의 발표 자료를 보면 우리나라 전체 일자리의 43%가 AI 대체 가능성이 많은 고위험군이라고 합니다. 기업은 인건비가 드는 사람보다 인건비가 없는 로봇을 쓸 수밖에 없습니다. 사람이 일자리를 잃으면 세금으로 운영되는 국가에 악영향을 미치게 됩니다. 이처럼 로봇기술과 인공지능기술의 발달로 인해 저임금 노동부터 로봇이나 인공지능으로 대체될 것이라는 추세에서 로봇이나 인공지능으로 대체되는 근로자들에게 새로운 일자리가 주어진다면 상관없지만, 아마 새로운 일자리 부여는 상당 부분 실현되기 어려울 것으로 보이고 있습니다.

이런 문제점을 극복하기 위한 방법으로 거론되는 것이 바로 '로봇세'입니다. 고용주가 로봇이나 인공지능을 고용해 생산을 하는 경우, 고용된 로봇이나 인공지능에 대해 세금을 매기고, 그 세금을 고용주 또는 로봇·인공지능 소유자가 내는 방식입니다. 로봇세는 대체로 대체된 근로자의 지원이나 재교육 목적으로 쓰이게 될 예정입니다. 마치 근로자가 소득세를 내는 것처럼, 전자인간 즉 로봇이나 인공지능이 로봇세를 내는 구조입니다. EU에서 거론되는 '전자인간(electronic person)'은 로봇이나 인공지능의 책임을 묻는 이론적 전제로도 사용되지만, 로봇세 부과의 이론적 전제로서도 역할을 하게 됩니다.

2019학년 수능 국어문제로 '로봇세' 문제가 출제됐습니다. 이번 수능 문제는 전문가들의 찬반논쟁과 로봇세는 법인세와 소득세에 이은 이중과세라는 학생의 글과 반박문이 소개됐습니다. 수능에서 로봇세 논쟁이 제시된 것은 이제는 로봇세 부과 필요성이 시대적 흐름이라는 것을 의미합니다. 유럽은 로봇에게 전자인간이라는 법적 지위를 부여해 세금을 낼 수 있는 장치를 마련해 로봇 시대의 틀을 새롭게 짜기 시작했습니다.

실제로 몇 해 전 EU 의회는 EU 법제위원회 명의로 작성되고 실제로는 룩셈부르크 출신의 매디 델보가 작성한 것으로 알려진 '권고안' 중 로봇세 부분에 대하여는 통과를 시키지 않았습니다. 당시 로봇세 도입이 시기상조라는 이유 때문이었습니다. 이념적으로 보면 로봇세는 세수증대 및 복지확대에 관심이 많은 좌파적 사고에 기초하고 있습니다. 따라서 경제성장이나 기업을 운영하는 입장을 대변하는 우파적 사고에서 검토하면 로봇세는 반가운 현상은 아닌 것입니다.

우리나라에서도 로봇세 도입에 대한 논쟁이 뜨거워지고 있습니다. 언론에 로봇세에 대한 자신의 생각을 적은 칼럼이 자주 등장하고 있습니다. 바람직한 현상입니다. 로봇세는 인공지능 시대에 있어 소외받는 사람들이 발생하지 않도록 하는 여러 가지 방책 중의 하나입니다. 마치 로봇세가 전부인 양 착각하면 이건 바람직하지 못한 접근입니다. 로봇세 도입은 좌파와 우파의 충돌 지점이기 때문에 자칫 이념 분쟁으로 번질 수도 있을 것입니다. 우리나라에서도 이런 분위기가 감지되고 있습니다. 부디 건전한 논쟁이 되어야 할 것이며 로봇에 자체에 몰입되지 않기를 희망합니다. 제4차 산업 혁명 도래에 따른 인공지능 시대에 있어 인간의 일할 권리 박탈 및 소외 현상은 어떤 대가를 치루더라도 막아야 합니다. 기존의 산업 혁명과는 차원이 다른 제4차 산업 혁명에 대해 차원이 다른 접근법이 강구되어야 합니다. 부작용을 막기 위해서 정부도 민간도 힘을 다해야 합니다. 부작용 방지 차원에서의 로봇세를 고려해야만 제대로 된 답이 나올 것입니다. 로봇세의 논쟁이 이념 논쟁으로 변질되지 않기를 간절히 바랍니다.

이충건, 「로봇세 논쟁에 대한 바람직한 시각」, 『비즈월드미디어』, 2019. 2. 14.

01 (가)에서 기계에게 일자리를 빼앗긴 사례로 제시하고 있는 것에는 어떤 것들이 있는지 정리해 보세요.

02 (나)가 주장하고 있는 것은 무엇인지 정리해 보세요.

03 여러분은 '로봇세'에 대해 어떠한 견해를 가지고 있는지를 찬성과 반대의 입장 중 하나만을 골라, 정리해서 써 보세요.

생활 속에서 소소한 불편함을 해소하고 좀 더 편리한 방법을 강구한 결과, 과학기술은 획기적으로 발전할 수 있었습니다. 특히 다양한 기술이 융합되며 4차 산업 시대로 접어든 지금, 로봇을 비롯한 인공지능은 더 이상 영화 속이나 상상에서만 존재하는 대상이 아닙니다. 사물인터넷, 자율주행 자동차 등 인공지능은 이미 우리 일상 속에 자연스럽게 자리하고 있으며, 앞으로 산업 발전에 크게 기여할 것이라 기대되고 있습니다.

하지만 산업 발달의 긍정적인 결과만을 바라보고, 부정적인 영역을 무시해서는 안 됩니다. 산업 발달로 인한 혜택은 일부 사람들만 누릴 수 있는 특권이 되어서도 안 됩니다. 누군가는 로봇 때문에 일자리를 잃어 앞으로 살아갈 일이 막막해질 수도 있고, 누군가는 로봇을 이용하여 더욱 편리한 삶을 누리게 될지도 모릅니다. 중요한 것은 사회 구성원들이 기술이 주는 혜택을 고루 누리지 못한다면, 사회적 반목과 갈등이 깊어질 수 있다는 점입니다. '로봇세'나 '자동화세'와 같은 새로운 정책은 이러한 부작용을 미리 대비하고 사회적으로 완충하기 위한 노력 중 하나라고 볼 수 있습니다. 또한 기업이 군사용 AI 로봇을 만들어 사적 이익을 취한다거나, 거대 기업이 AI 로봇 기술을 모두 독점한다면 사회적 혼란은 더욱 가속화될 것입니다. 이러한 문제점들을 막기 위해서 앞으로 법적인 제도와 안전장치도 마련해야 할 것입니다.

산업 발달의 궁극적인 목표를 '인류 공동체의 공존'에 두어야 합니다. 우리 사회가 앞으로도 지속적으로 발전하고 변모할 것을 의심하는 사람은 없을 것입니다. 하루가 다르게 진보하고 있는 과학기술이 공동체를 파괴하는 기술이 아니라, 공동체의 공존에 기여할 수 있는 기술이 될 수 있어야 함을 잊지 말아야 하겠습니다.

PART 07

AI와 언론

07

AI와 언론

엘리 프레이저 씀, 이현숙·이정태 옮김, 『생각 조종자들』, 시공사, 2011.

이 책의 저자인 엘리 프레이저는 다양한 엔진들을 통해 우리의 모든 것들이 검색되고 예측되는 현상을 가리켜 '필터 버블(the filter bubble)'이라고 이름 붙였다. 어쩌면 우리는 스스로 알지 못하는 사이에 인터넷 필터에 의해 '우리가 오늘 해야 할 일', '우리가 좋아하는 것', '우리가 무엇을 하려고 하는지' 등의 생각들을 모두 분석당하고 있을지도 모른다.

_{인공지능 애피타이저} 필터 버블! 그 속에서 헤엄치는 우리

넷플릭스는 가입 전에 우리에게 몇 가지 질문을 던진다. 우리는 그 질문에 답한 대가로 넷플릭스의 수많은 콘텐츠들을 마음껏 향유할 수 있게 된다. 영화와 드라마의 종류가 너무나 많아서 난감하다고 해도 걱정할 필요가 없다. 넷플릭스에 로그인만 하면 신기하게도 나에게 맞는 영화와 드라마를 알아서 찾아주기 때문이다. 마치 내 마음에 들어왔다 나온 것처럼, 내가 보고 싶었던 영화와 드라마들을 나에게 가져다준다. 아이튠즈의 지니어스 기능 역시 마찬가지이다. 내가 좋아하는 한 곡만 선택하면 이 곡과 잘 어울리는 노래의 재생 목록을 생성해 주고, 내가 좋아하는 가수의 신곡을 놓치지 않고 들을 수 있도록 도와준다. 유튜브 역시 내가 좋아할 만한 영상들을 끊임없이 추천하면서, 나의 여가 시간이 즐겁게 흘러갈 수 있도록 해 준다. 나보다도 나를 더 잘 아는 똑똑한 기술들이다.

인공지능은 우리가 사용한 포털의 흔적들 속에서 자주 봤던 영상과 음악, 그리고 기사들을 분석해 내가 좋아할 만한 것들을 미리 검색해서 찾아준다. 이것은 우리가 가장 많이 사용하는 구글(Google)의 검색 엔진에서도 사용되는 알고리즘 기술이다. 우리는 구글에서 검색

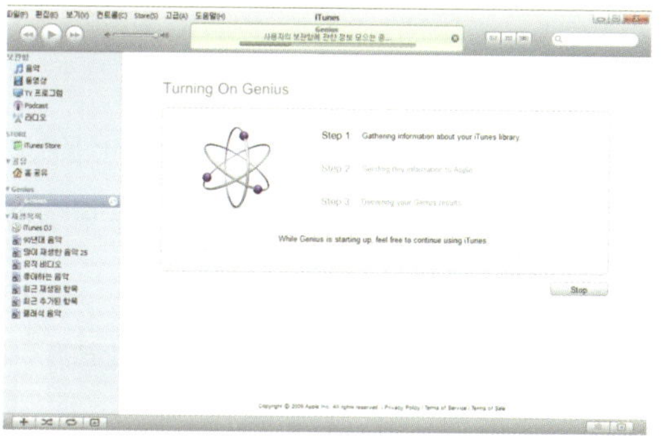

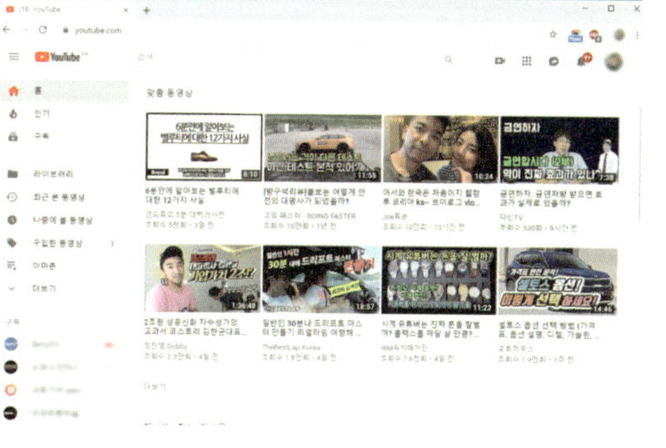

실시간 인기 검색어를 자주 눌러 보는 편인가요? 최근 클릭한 실시간 검색어는 무엇인가요?

을 할 때 늘 같은 정보가 나온다고 생각하지만, 구글은 우리가 평소에 사용하는 57개의 시그널을 분석해 어떤 정보를 알고 싶어하는 지를 분석하고 그에 맞는 정보만을 필터링해서 보여 준다. 표준 검색 결과는 존재하지 않고, 사람들마다 각기 다른 검색 결과를 받아 보게 되는 것이다. 이렇게 똑똑해진 시스템 덕분에 우리는 시간을 절약해 원하는 정보만을 손쉽게 얻을 수 있게 되었고, 나에게 해당하는 맞춤형 삶을 누릴 수 있게 되었다.

그러나 엘리 프레이저는 이런 검색 결과들과 추천 콘텐츠들이 나의 의사 결정을 방해하는 '생각 조종자들'이라고 말한다. 검색 엔진들의 추천 결과에만 빠져 그것이 나의 생각이라고 믿어 버리는 경향은 다양한 체험과 생각들을 방해한다. 수많은 진실과 사실을 우리 스스로 골라내지 못한 채, 인공지능의 알고리즘에 의해 도출된 '필터 버블(filter bubble)'에 갇혀 생각을 멈추게 되는 것이다.

여러분은 포털에서 '가짜' 뉴스와 '진짜' 뉴스를 구분할 수 있나요?

엘리 프레이저　제가 메인주의 시골에서 성장할 때는, 인터넷은 제게 아주 다른 것을 의미했습니다. 세계와의 연결을 의미했죠. 우리를 다 함께 연결할 뭔가를 의미했죠.

제가 뭔가를 검색하고, 여러분이 검색을 한다면, 바로 지금 동시에 검색을 할지라도, 서로 다른 검색 결과를 얻을 것입니다.

우리는 인터넷이 보기 원한 것을 보여준다고 생각하지만, 오히려 우리가 반드시 볼 필요가 없는 것들을 보여 주는 세상으로 빠르게 움직이고 있습니다.

인공지능이 이용자의 편리함을 위해서가 아니라 누군가의 이익을 위해 움직인다면? 광고 수익을 더 높이기 위한 기업들이 자신들의 이익에 적합한 정보만을 제공해 준다면? 평소의 검색 습관에 따라 같은 사건을 검색했음에도 불구하고 전혀 다른 내용의 결과가 주어진다면? 인공지능의 알고리즘에 따라 주어지는 개인별 맞춤 정보가 오히려 '버블'처럼 사용자를 가두어 편협한 시각을 가지게 한다면? 엘리 프레이저는 이러한 질문들을 던지며, 올바른 정보를 얻기 위해서는 인공지능이 만들어 놓은 '필터 버블'을 깨트려야 한다고 주장한다.

이미, 인공지능 기자가 쓴 기사가 포털을 통해 제공되기 시작했고, 스포츠의 하이라이트 역시 인공지능에 의해 편집되어 제공되는 시대가 다가왔다. 어쩌면 우리는 스스로 정보를 선택할 자유를 잃고 인공지능에 의해 필터링된 나의 관심 데이터만을 내 취향이라고 여기고 있을지도 모른다. 그렇다면, 그동안 내 생각이라고 믿어 왔던 것들에 의심을 품어 봐야 하지 않을까?

음미하며 천천히 먹기

빅데이터는 21세기의 원유라고요?

(가) 빅데이터

오늘날의 디지털 환경에서는 아날로그 환경에 비해 규모가 크고 생성 주기가 짧으며 형태가 다양한 수많은 데이터가 생성되는데, 이러한 데이터를 빅데이터라고 한다. 즉 인터넷이나 모바일을 통해 생성되는 수많은 정보, 메시지, 이미지, 영상 등이 세상에 존재하는 모든 정보를 빅데이터라고 할 수 있다.

현재는 전 세계 수많은 사람들이 사용하고 있는 메시지, 사진, 영상 및 일상생활의 대화에 내포된 감정이나 상태 등 기존의 기술로는 활용이 불가능했던 데이터를 분석하

자동차 빅데이터를 활용한 일본 오사카 시의 '교통사고 지도'

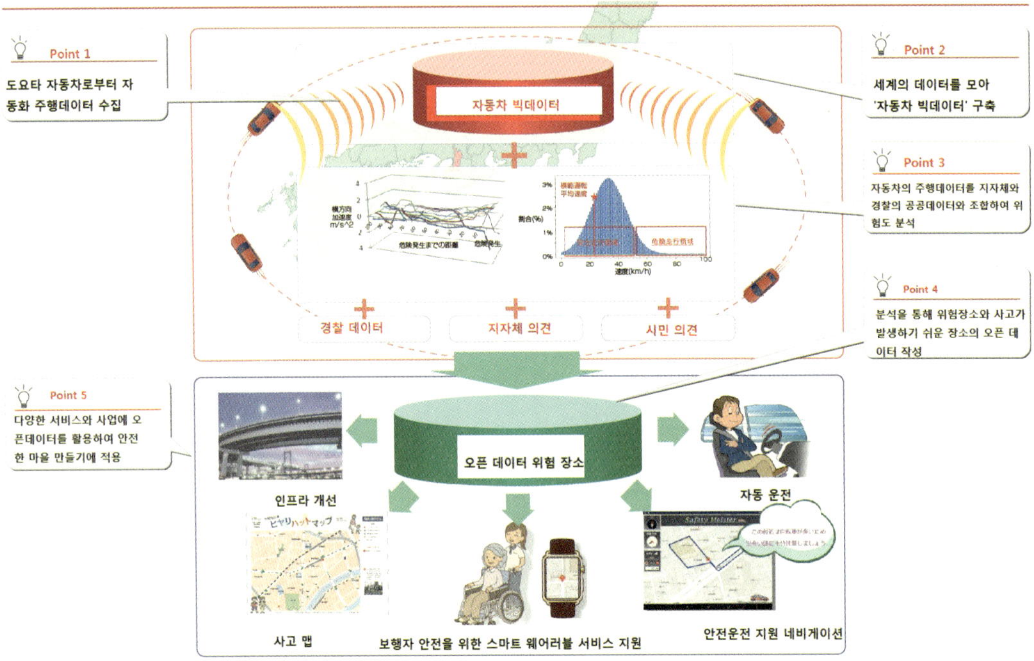

빅데이터 활용 사례
출처 : 오사카시 홈페이지, https://www.city.osaka.lg.jp/ictsenryakushitsu/page/0000347796.html

고 예측하는 기술까지도 모두 포함한다. 빅데이터는 데이터 활용성 때문에 마케팅이나 기업들 사이에서 주목을 끌고 있는데, 그것은 단순히 데이터를 활용하는 것을 넘어 소비의 패턴을 파악하고 미래를 예측하고 활용할 수 있기 때문이다.

최근 빅데이터 기술의 활용이 정보 통신, 교육, 의료, 금융 등 사회 각 분야로 확산하면서 사회 전반의 생산성 향상에 기여하고 있다. 해외에서는 구글 등의 웹 사이트 검색 통계, 트위터, 페이스북 등의 소셜 미디어 데이터를 분석하여 시장을 예측하고 상품 개발에 활용한다. 또한 공공 기후 데이터를 이용하여 기후를 예측하고, 유통 업체들은 네트워크를 활용하여 유통 데이터를 생산하고 영업 전략에 활용한다.

국내에서는 카드사들이 이용자들의 소비 행태를 분석하여, 신상품 개발 및 시장 분석에 활용한다. 또한 고객의 소셜 미디어 활동 정보를 분석하여 상품 개발, 판매 등의 전략에 활용하며, 트위터, 페이스북 등을 운영하여 소비자의 의견을 수집하는 수단으로 활용되기도 한다.

박미정 외, 「기술 시스템과 미래 사회」, 『고등학교 기술가정 교과서』, 삼양미디어, 149 · 152쪽.

(나) 구글은 검색창을 이용하는 사람들이 감기와 관련된 증상을 검색하는 빈도를 파악하면 독감 유행의 주기를 미리 예상할 수 있다는 것을 알아냅니다. 구글은 이를 통해 질병관리본부보다 2주나 빨리 독감의 확산을 미리 경고할 수 있었고, 확산 경로도 파악할 수 있었습니다. 코로나19 사태에서도 이 분석 방법은 그대로 적용되었고, 코로나의 확산 경로와 감염 속도를 미리 예측했습니다. 스마트폰의 보급으로 사람들은 하루 평균 엄청난 양의 데이터를 사용하고 있습니다. 1분 동안 구글은 200만 건의 검색창 이용이 사용되고, 유튜브는 72시간의 영상이 상영되고, 트위터에는 27만 건의 트윗이 형성됩니다. 이렇게 방대한 데이터들을 모아서 그 관계를 분석하다 보면 유의미한 상관관계가 유추되는 경우가 생깁니다. 이것을 이용해 사회, 경제, 문화 등 다양한 분야에 활용한다면, 엄청난 이익을 창출할 수 있을 것입니다. 미국의 조사 기관 가트너는 빅데이터를 두고 "경쟁력을 좌우할 21세기 원유"라고 평가한 바 있습니다. 이제 정보를 모아서, 정확히 분석할 수 있는 사람들에게 기회는 주어질 것입니다.

01 (가)와 (나)에서 소개하는 '빅데이터'의 장점을 정리해 보세요.

02 빅데이터를 이용해서 청소년들의 생활을 풍요롭게 만들 수는 없을까요? 친구들과 아이디어를 도출해 보세요.

꼭꼭 씹어 확실히 먹기 로봇 저널리즘에 대처하는 우리의 자세

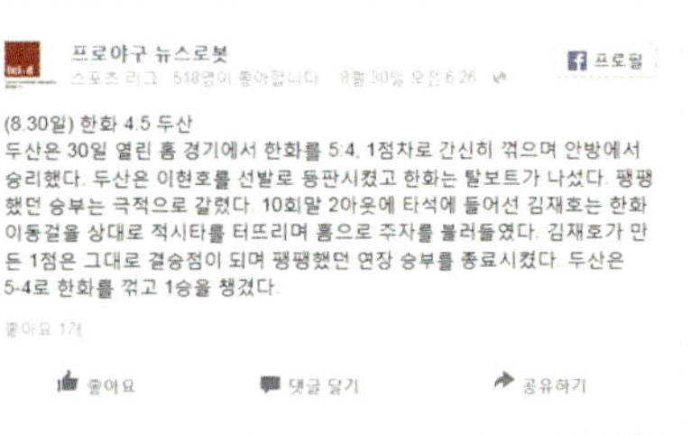
프로야구 뉴스로봇

스포츠 리그 518명이 좋아합니다 8월 30일 오전 6:26

(8.30일) 한화 4:5 두산

두산은 30일 열린 홈 경기에서 한화를 5:4, 1점차로 간신히 꺾으며 안방에서 승리했다. 두산은 이현호를 선발로 등판시켰고 한화는 탈보트가 나섰다. 팽팽했던 승부는 극적으로 갈렸다. 10회말 2아웃에 타석에 들어선 김재호는 한화 이동걸을 상대로 적시타를 터뜨리며 홈으로 주자를 불러들였다. 김재호가 만든 1점은 그대로 결승점이 되며 팽팽했던 연장 승부를 종료시켰다. 두산은 5-4로 한화를 꺾고 1승을 챙겼다.

좋아요 1개

좋아요 댓글 달기 공유하기

Facebook 프로야구 뉴스로봇 페이지

(가) 로봇 저널리즘(Robot Journalism)은 컴퓨터 알고리즘을 이용해 자동으로 작성되는 기사, 혹은 이러한 언론의 흐름 변화를 지칭할 때 쓰인다. 기존에는 AI가 자료 분석 등을 하면서 기자를 보조하는 역할만 해 왔으나 최근에는 스포츠, 재난, 금융 분야에 있어 기존 언론인을 대체할 수 있을 정도로 발전하였다. 이에 따라 로봇 저널리즘이라는 용어도 광범위하게 쓰일 것으로 예상된다. AP통신에서는 분기마다 3,000여 건의 기사를 로봇 기자가 작성하고 있다고 밝힌 바 있으며, 얼마 전 LA타임즈에서는 AI 로봇 기자가 실시간으로 지진 관련 속보를 보도한 바도 있었다.

프로야구 뉴스로봇은 페이스북에 자신이 쓴 기사를 매일 올리고 있다. 인공지능 뉴스 로봇은 운동 경기의 결과와 분석 등을 내놓으며 프로야구 팬들에게 빠른 결과를 알려주고 있다. 인공지능 일기예보 기자도 곧 탄생할 예정이다. IBM의 자회사인 더웨더 컴퍼니는 인공지능 슈퍼컴퓨터를 활용한 날씨 관측 정보를 예측하고 있다. 기존의 일기예보 시스템보다 더욱 많은 정보를 더 빠른 주기에 걸쳐 분석할 수 있어서 더욱 정확한 일기예보를 보도할 예정이다.

(나) '네이버 스포츠' 모은 하이라이트 영상으로 최종 전환된다

네이버 스포츠는 KBO리그 경기 중 발생한 득점 상황을 인공지능 기술로 자동 편집한 'AI 득점 하이라이트' 동영상 클립을 제공한다고 밝혔다.

현재 서비스 중인 KBO리그 동영상 클립은 사람의 수동 편집을 기반으로 하고 있지만, AI 득점 하이라이트는 장면 분석 및 추출, 편집에서 서비스 업로드까지 모든 부분이 AI 기술로 100% 자동화로 제작된다.

'AI 득점 하이라이트' 서비스에 적용된 AI 기술은 야구 중계 화면의 그래픽을 분석하는 컴퓨터 비전기술과 투수의 투구 장면을 인식하는 기술 등으로 구성되어 있다. 위 기

술들로 수집된 결과물은 실시간 기록 데이터와의 검증을 거쳐, 득점 상황에서의 필요한 장면만을 모은 하이라이트 영상으로 최종 전환된다.

네이버 스포츠 성하경 개발 담당자는 "최종 스코어에 따라 약간의 차이가 있겠지만, 대부분 경기 종료 후 5분 내에 AI 득점 하이라이트가 서비스될 수 있다."라며 "이번 AI 기술이 본격적으로 자리잡게 되면 실시간 중계에서 파생되는 주요장면이나 하이라이트의 편집은 AI 기술이 담당하고, 기존 영상 편집 전문가는 스토리가 가미된 기획 영상 같은 더욱 흥미로운 콘텐츠 제작에 투입해 이용자에게 새로운 볼거리를 제공할 것"이라고 했다.

이서진, 「'네이버 스포츠' 모은 하이라이트 영상으로 최종 전환된다」, 『블록체인밸리』, 2019. 9. 2.

(다) 인공지능 로봇 뉴스 알고리즘에 의해서 생산된 뉴스 기사가 확대되면서 로봇 저널리즘이 초래할 법과 제도적 문제에 대한 연구도 활발히 진행되고 있다(김용주, 2016; 박현길, 2016; 이승선, 2016; Montal & Reich, 2016). 법과 제도적인 문제로서 가장 민감한 이슈는 저작권과 관련되어 있는데, Montal과 Reich(2016)는 로봇 저널리즘에서 저작권 주체가 인간인가 아니면 로봇인가라는 근본적인 질문을 던지고 있다.

국내 저작권법에 따르면, 인공지능 로봇은 인간이 아닌 이상 저작권 보호대상이 아니며 로봇기자가 생산한 뉴스 기사도 업무상 저작물로 볼 수 없다(저작권법 제16조 참조). 다만 저작권법에 의해서 보호받을 수는 없지만 부정 경쟁행위와 관련하여 로봇 기자의 뉴스 기사는 '부정경쟁방지 및 영업비밀보호에 의한 법률'의 제2조 제1호에 의해서 간접적으로나마 보호받을 수 있다고 제시되어 있다(김윤명, 2016). 즉 로봇 기자가 생산한 뉴스 기사를 '타인의 상당한 투자나 노력으로 만들어진 성과'로 인정하고 이를 무단으로 사용하면 경제적 이익을 침해하는 행위로 본 것이다. 하지만 인공지능 로봇 뉴스 알고리즘의 속성이 다른 뉴스 미디어의 뉴스 기사를 '이용'하는 빅데이터 활용방법이라는 측면에서 인공지능 로봇의 뉴스 기사를 부정 경쟁행위와 관련한 법률로 규제와 보호할 수 있다는 논의가 실효성이 높아 보이지 않는다(이승선, 2016).

로봇 저널리즘의 저작권 관련 김윤명(2016)의 연구도 눈여겨볼만하다. 이 연구는 현재 로봇 저널리즘에서는 로봇 기자가 생산한 뉴스기사(저작물)에 대해서 저작권을 누구에게 귀속할 것인지 명확하지 않고 저작권법상 보호받기 어렵기 때문에 누구라도 사용할 수 있음을 고찰하였다. 이러한 연구논의는 해석상 당연하게 인식될 수 있으나, 뉴스 미디어 회사는 상당한 투자를 통해 도입한 인공지능 로봇의 저작물을 보호받지 못하는 것에 부정적일 수밖에 없다. 이러한 현상은 인간의 저작물이 부정경쟁방지법률과 저작권법으로 당연히 보호 받는 것과는 큰 차이를 갖는다. 이에 김윤명(2016)은 현생 업무상 저작물의 개념에 더하여 "단체에서 도입한 컴퓨터 프로그램(인공지능 로봇)에 의해 작성된 결과물로서 회사 명의로 공표된 것도 업무상 저작물로 본다."라는 취지의 저작권법 개정이 이루어질 필요가 있다고 제언하고 있다. 즉, 인간 기자가 아닌 로봇 기자의 뉴스 기사(저작물)도 법적인 보호가 필요하다는 것이다.

출처: Bing images

이윤영 · 안종묵, 「로봇 저널리즘의 사례와 이슈에 관한 탐색적 고찰」, 『커뮤니케이션학 연구』 26, 한국커뮤니케이션학회, 172~174쪽.

01 '로봇 저널리즘'이란 무엇인지 설명해 보세요.

02 로봇 기자가 기사를 쓰게 될 경우, 어떤 긍정적인 면과 부정적인 면이 예상되는지 친구들과 자유롭게 이야기를 나누어 보세요.

친구의 이름	대화 중 기억에 남는 키워드	주장의 핵심 내용
(예) 홍길동	객관적, 중립적	"로봇 기자는 데이터만을 보고 기사를 쓰기 때문에 중립적이고 객관적으로 기사를 쓸 수 있다."

03 '로봇 기자가 작성한 기사에 대한 저작권은 보호받아야 한다.'라는 논제로 토론해 보고, 내용을 정리해서 써 보세요.

찬성	
반대	

왕성한 식욕,
와작와작 씹어먹기

AI의 알고리즘 속에 갇혀 버린 우리는?

출처: Google 이미지

(가) 클라우드에 무심코 올린 사진들과 다양한 자료들은 언제나 다른 사람들에게 노출될 수 있는 가능성을 가지고 있다. 검색창에 올린 내 검색어와 인터넷 쇼핑몰에 담아둔 나의 장바구니의 물건들, 음악앱에서 듣고 있는 나의 플레이 리스트, 영화 관련 사이트에서 보았던 내 영화 정보들은 나의 정보와 행동 양식을 알려 주는 중요한 정보들이다. 그러나 빅데이터는 이 모든 것들을 수집한다. 개인의 사생활은 분석되고 있으며, 가공되어 상업적인 목적으로 마음껏 사용된다. 지적 정보 재산권과 관련된 법적·제도적 장치가 마련되지 않는다면, 우리는 끊임없이 무단으로 분석되고 이용될 것이다.

(나) 필터링된 정보가 사용자를 가둬 버리다

서봉원 교수는 가장 기본적인 필터링 기술로 두 가지를 꼽았다. 협업 필터링(Collaborative Filtering: CF)과 콘텐츠 기반 필터링(Content-based Filtering: CB)이다. 협업 필터링이란 기존의 많은 사용자가 했던 행동을 분석해 다른 사용자에게 정보를 추천하는 방식이다. 예를 들어 쇼핑몰에서 자주 볼 법한 것인데, '이 상품을 고른 고객이 선택한 다른 상품'을 추천해 주는 것이 협업 필터링에 의한 서비스다. 바지를 고른 사람 중에 티셔츠를 함께 고른 사람이 많았으니, 어떤 사용자가 바지를 장바구니에 담았다면 '티셔츠도 함께 보세요'라고 추천해 주는 방식이다. 반면 콘텐츠 기반 필터링은 콘텐츠 자체를 분석해 추천 정보를 만들어 내는 알고리즘이다. 예를 들어 음악 추천 앱에서 한 곡의 음악적 특성을 분석해 다른 사용자에게 추천하는 식이다.

이런 기본적인 필터링은 여러 방향으로 변용돼 발전하고 있다. 대표적인 동영상 스트리밍 서비스 넷플릭스만 봐도 협업 필터링을 발전시킨 모델 기반 협업 필터링(Model-based Collaborative Filtering)으로 전 세계 1억 2,500만 명의 이용자를 끌어모았다. 넷플릭스는 1억 2,500만 명의 사용자에게 각각의 취향에 맞는 1억 2,500만 개의 메인 화면을 제공한다. 모두가 자신에게 맞는 서비스를 이용할 수 있는 세계, 이른바 '개인화된 세계'가 눈앞에 펼쳐지는 상황이다.

개인화된 세계는 인공지능의 발전으로 더욱 정교해지고 있다. 이세돌 9단과 바둑 경기를 펼친 인공지능 '알파고'로 유명해진 '딥러닝(Deep Learning)' 기술이 그중 하나다. 100억 개가 넘는 인간의 뉴런을 모방해 만든 딥러닝 알고리즘을 이용하면 정확히 사용자에게 맞는 정보만을 제공해 줄 수 있다.

이 추천 알고리즘, 즉 필터링이 만들어내는 인터넷 세계는 지금까지와는 좀 다를 것이다. 바로 얼마 전까지만 해도 인터넷 세상에서는 특정 성향의 사람들이 특정 정보만을 취득하면서 생기는 양극화 현상이 문제가 됐다. 미국의 법학자 캐스 선스타인은 이를 두고 '에코체임버(Echo Chamber)'라는 용어로 설명했다. 직역하자면 '메아리 방'이라는 뜻이다. 에코체임버는 특정 성향의 개인이 자신의 입맛에 맞는 콘텐츠만 소비하고, 인터넷 사이트 역시 그 성향의 사용자에게만 매력적인 콘텐츠를 계속 제공함으로써 서로 간의 메아리만 들을 수 있는 확증편향 상황을 의미한다. 이 에코체임버가 야기하는 사회는 양극화된 사회다. 서로 반대되는 이야기는 듣지 않고 자신의 말만 맞다고 우기는 것이다.

그러나 개인화된 콘텐츠는 지금까지와 다른 현상을 불러온다. 미국의 시민단체 무브온(Move on)의 이사장인 엘리 프레이저가 이름을 붙인 '필터 버블(Filter Bubble)' 현상이다. 간단하게 말해 사용자에게 맞게 필터링된 정보만이 마치 거품(버블)처럼 사용자를 가둬버린 현상을 말한다. 관심 없는 정보, 싫어하는 정보는 저절로 걸러지고 사용자가 좋아할 만한 정보만이 제공되면서 알고리즘이 만들어 낸 정보에만 둘러싸인 모습이다. 앞서 말한 에코체임버는 이와는 약간 다르다. 김선호 한국언론진흥재단 선임연구위원은 "에코체임버와 필터 버블 사이에는 사용자의 주관적인 선택이 있느냐 없느냐의 차이가 있다."라고 설명했다. 에코체임버는 사용자가 특정 성향에 의해 '선택한' 정보로 만들어진 편향적인 현상으로 양극화 문제가 발생한다면 필터 버블은 더 분절적이다. 사용자의 의지가 더 적게 개입되고 각자 접하는 정보가 달라 매우 개인화된 세계를 만들

출처: Google 이미지

어 낸다.

이미 우리는 수많은 정보 중 적절히 걸러진 정보만을 접하고 있다. 똑같이 구글에 'Donald Trump'를 검색하더라도 일본에 사는 자영업자 기무라 미유키 씨가 보는 결과와 한국의 직장인 조은희 씨가 보는 결과는 다르다. 사는 곳, 나이, 성별, 직업과 그동안의 인터넷 활동 등을 고려해 구글이 적절한 정보를 골라 제공하는 것이다. 사실 지금까지는 이런 검색 결과가 큰 문제가 되지 않았다. 너무 많은 정보가 인터넷의 문젯거리로 여겨져 왔기 때문이다. 적절하게 정보를 취사선택하고 가공해 사용하는 정보처리 능력은 바람직한 것으로 장려돼 왔다. 기술의 발전은 정보처리의 어려움을 덜어 줄 수 있는 긍정적인 것이었다. 그러나 완전히 자동화된 알고리즘이 사용자의 생각까지도 대체하게 되면서 문제가 생겼다. 필터 버블을 처음으로 주장한 엘리 프레이저는 필터 버블이 오히려 더 비민주적인 사회를 불러올 수 있다는 점을 명확히 경고한다.

김효정, 「필터 버블의 덫: 인공지능이 걸러낸 세상에 갇히게 되면…」, 『주간조선』, 2018. 5. 28.

(다) 우리는 '내 손 안의 디바이스(스마트폰)'를 만지작거리면서 매체를 더욱 손쉽게 이용하고 있으며, 능동적인 선택을 통해 나만의 삶을 누리고 있다고 자만하게 되었다.

그러나 『통제하거나 통제되거나』의 저자 더글러스 러시코프는 이 모든 것들이 프로그래머가 만들어 놓은 알고리즘의 의도대로 움직이고 있는 것에 불과하다고 말한다. 또한, 딥러닝 기술과 IoT 기술의 결합으로 모든 기기들과 네트워크들이 각자의 목적을 지니고 마치 살아서 진화하는 생명체처럼 자신들의 이익에 맞게 우리를 마음대로 조종할지도 모른다고 경고한다. 이러한 불행을 막기 위해서 우리는 프로그래밍에 대한 원리를 이해하는 능력을 길러가야 한다. 이를 위해 러시코프는 '수동적인 이용자'에서 '적극적인 참가자'로 우리 모두가 변화해야 한다고 주장한다. 저자는 '디지털 시대를 위한 십계명'을 제시하면서 개인이 프로그램의 작동 원리를 이해한다면, 디지털 프로그램의 의도대로 우리가 조종당하는 일은 없을 것이라고 주장한다.

저자는 디지털이 우리에게 강요하는 '선택'의 문제를 가장 심각한 것으로 지적하고 있다. 디지털 세계에서는 '예 혹은 아니오', '옳음 혹은 옳지 않음' 등의 선택에 치중하는 경향이 있다. 예를 들어, 넷플릭스(Netflix)에 가입하기 전에 우리는 몇 가지의 선택을 강요받는다. 이를 통해 ,넷플릭스가 가진 훌륭한 알고리즘은 우리가 스스로 영화를 선택할 수 있는 기회를 박탈하고, 끊임없이 우리의 기호에 맞춘 다양한 영화를 권유하며 우리의 취향을 마음대로 조종하려고 든다. 다양한 물건을 파는 쇼핑 어플리케이션도 마찬가지이다. 장바구니의 상품들과 기존의 구매 상품 내역들을 보고 알고리즘은 끊임없이 우리에게 상품을 권유한다. 전혀 구매 의사가 없었음에도 불구하고, 디지털이 추천한 다양한 상품들을 보면서 우리는 어느새 구매 버튼을 누르고 소비에 동참하게 되는 것이다.

러시코프는 늘어난 선택의 문제들이 디지털의 부작용에서 비롯된 것이라고 지적하면서, 굳이 이것과 저것 중에서 선택해야 하는 것은 아니라는 생각, 즉 아무것도 선택하지 않을 수도 있다는 점을 스스로 인식해야 한다고 주장한다. 오히려 끊임없이 구분하고 선택하는 것을 강요하는 디지털을 거부하고 '선택 사항 없음'을 선택할 수도 있다는 것을 깨달아야 한다는 것이다. 소셜 네트워크에서 기혼인지 미혼인지를 온 세상에 공개하도록 강요하는 것은 부당한 것이며, 그런 선택을 강요하는 디지털에 당당히 맞설 줄 알아야 한다.

(라) 뉴스 추천 시대

뉴스를 추천받는 시대다. 빅데이터가 축적되고 이를 처리할 인공지능 알고리즘이 발달했기 때문이다. 내가 과거에 읽고 검색했던 뉴스 기록들이 쌓이면 개인적인 뉴스 선호도와 반응이 저장된다. 인공지능 알고리즘은 축적된 데이터를 분석해 내게 맞는, 내가 좋아할 것 같은 기사를 추천해 준다. 굳이 신문을 찾아 읽고 잡지를 구독할 이유가 없다. 휴대전화와 인터넷을 켜면 추천 뉴스가 가득하다.

네이버는 인공지능 알고리즘 '에어스(AiRS)'라는 뉴스 추천 시스템을 운영한다. 네이

버가 밝힌 에어스의 원리는 이렇다. 사용자의 특징, 콘텐츠의 특징, 이용 패턴 등을 종합해 알고리즘을 만들고 이를 기반으로 뉴스를 추천한다는 것이다. 이런 과정들은 계속 반복되고 보완된다. 추천 뉴스에 대한 사용자의 반응을 체크해서 알고리즘을 정교하게 만드는 식이다. 다음과 카카오도 인공지능 알고리즘 기술을 이용해 뉴스를 추천하고 배치한다. 구글도 마찬가지다. 구글 모바일 앱을 누르면 검색창 하단에 뉴스가 뜬다. 구글은 자신의 뉴스 추천 방식을 '첨단 인공지능과 머신러닝 기술이 접목된 것'이라고 설명해 왔다. 인공지능 기술이 뛰어날수록 알고리즘을 더욱 정교하게 만들 수 있다. 네이버는 물론 카카오 같은 인터넷 기업들이 인공지능 전문가를 찾아 미국으로, 프랑스로 헤매는 이유다.

최첨단 인공지능 알고리즘이 추천하니 대단히 멋지고 문제가 없을 것 같지만, 반드시 그런 건 아니다. 인공지능 알고리즘을 만드는 것은 프로그래머다. 프로그래머가 여러 변수를 고려해 이를 종합·분석하는 알고리즘을 만들고, 여기에 인공지능의 학습·추천 기능을 추가한 것이다. 뉴스 선택 권한이 네이버 뉴스 편집팀에서 알고리즘을 만든 프로그래머에게로, 프로그래머가 만든 인공지능에 넘어간 셈이다. 게다가 프로그래머가 어떤 원리로 알고리즘을 만들었는지 우리 대부분이 모른다. 여기에 인공지능까지 더해지면 더욱 이해하기 어렵다.

인터넷 기업들이 추천하는 뉴스의 객관성은 미국 등에서는 꽤 심각한 논쟁 주제다. '필터 버블'이라는 용어가 대표적이다. 필터링(추천)된 정보만을 받아보는 이용자들은 자신도 모르게 '타의'에 의한 정보 편식이 생길 수 있음을 지적하는 용어다. 이 용어를 만들어 낸 엘리 프레이저는 2011년 TED 강연에서 진보적 성향을 가진 자신의 페이스북에는 보수적 성향의 게시글이 올라오지 않는다고 주장했다.

'가짜 뉴스'를 가진 한 남성이 인쇄소로 돌진한다
출처: Wikipedia

인공지능 알고리즘이 추천하는 뉴스가 부실하다거나 편향됐다고 생각하지 않는다. 다만 언론이 편집하는 뉴스만큼 인공지능 알고리즘이 추천하는 뉴스도 예상치 못한 많은 오류가 있을 수 있음을 지적하고 싶다. 언론사가 편집을 잘못하면 그 언론사는 독자들의 비판을 받는다. 그런데 인공지능 알고리즘이 뉴스를 잘못 추천했다면 인공지능을 비판해야 할까. 인공지능 알고리즘이 뉴스를 잘못 추천했다는 것을 확인할 수나 있을까.

움베르토 에코는 언론 인터뷰에서 "인터넷은 지적인 부자들을 돕는다. 우리가 문화라고 부르는 것은 선별과 여과의 긴 과정이다. 쓰레기 정보를 판단할 능력이 부족한 지적 빈자들에게는 이 폐해가 더 크다. 인터넷의 역설"이라고 말했다. '인터넷의 아버지'로 불리는 빈트 서프 구글 수석부사장은 지난 5월 한국을 방문했을 때 가짜뉴스에 대한 질문을 받고 "구글의 알고리즘도 가짜뉴스와 진짜 정보를 헷갈리는 경우가 있다."며 "가장 강력한 필터링은 사용자인 인간이 비판적 사고로 잘못된 정보를 스스로 판단하는 것"이라고 말했다.

뉴스를 읽고 이를 비판적으로 해석하는 것은 주관적이고 개인적인 사유과정이다. 시간이 걸리고 번거로운 행위다. 인공지능의 추천으로 해결되지 않는 과정이다. 결국 인간 스스로가 뉴스, 정보를 재해석하며 걸러내는 힘을 키워야 한다. 뉴스들이 파편화된 뉴스 과잉 시대에 살아남으려면 다른 해법은 없다.

남도영, 「뉴스 추천 시대」, 『국민일보』, 2018. 10. 30.

빅데이터를 활용하여 필터링된 기사를 제공하는 서비스는 사용자에게 최적화된 서비스라고 믿게 만드는 습성을 가지고 있습니다. 그래서 우리는 그 기사를 접하면서 능동적인 자신의 선택의 결과라고 쉽게 믿어 버리지요. 이에 따라 정보를 제공하는 사이트는 점차 여론을 조성하는 힘과 권력을 갖게 됩니다. (가)~(라)를 읽고, 파편화된 정보의 홍수 속에서 필터 버블에 빠지지 않고 올바른 정보를 얻기 위해 우리가 할 수 있는 방법을 생각해 보세요. 생각이 정리됐으면, 500자 이내로 적어 보세요.

인공지능 후식으로 마무리 ______ 가짜와 진짜를 구분하는 힘

인공지능이 언론의 영역에서도 한 자리를 차지하는 시대가 되었습니다. 19대 대통령 선거 관련 기사 중 일부는 '나리(NARe)'로 명명된 인공지능 기자가 작성했습니다. 사람보다 빠르고 정확하게 작성된 나리의 기사는 SBS 뉴스 홈페이지와 포털사이트에 제공되었습니다. 이외에도 우리는 인공지능 기자가 제공하는 비트코인 시세 뉴스를 읽고 있으며, 사커봇이나 케이봇 등이 전하는 박진감 넘치는 스포츠 기사를 읽고 있습니다. 이대로 간다면 '기자'라는 직업 자체가 없어질지도 모르겠습니다. 효율성 높은 로봇 기자가 그 자리를 모두 대체할 수도 있으니까요.

한편 우리는 빅데이터를 통해 나의 관심사에 맞게 필터링한 기사를 제공받기도 합니다. 그러나 필터링된 기사들이 다양한 기사를 접할 수 있는 기회를 박탈하고 있다는 지적도 만만치 않습니다. 더 큰 문제는 우리가 그 모든 것들을 스스로 선택했다고 굳게 믿고 있다는 것이죠. 이처럼 AI에 의해 추천되고, AI 기자에 의해 작성된 언론의 보도들을 우리는 아무런 거리낌 없이 받아들이고 있습니다. 여기에 빅데이터에 의해 분석된 실시간 검색어와 AI가 추천해 준 주요 뉴스들을 보면서 그것이 우리 모두의 생각이라고 믿어 버립니다. 이런 상황들이 무심결에 반복되면서 우리는 어느덧 편협한 세계에 갇힌 채 세상을 바라보고 있는 것은 아닐까요?

다양한 의견의 기사를 비교해 보고 비판적인 시각으로 바라보는 능력은 언론을 감시하는 중요한 수단입니다. 또한 세상을 올바른 방향으로 이끌어 가는 데 큰 몫을 담당하는 것이 언론의 몫이기도 합니다. 그러나 아직 로봇 기자들에게는 언론인으로서의 윤리 의식을 기대하기 힘들고, 빅데이터가 뽑아 놓은 주요 기사들이 세상 전부를 말해 준다고 말할 수도 없습니다. 세상을 직접 꿰뚫어 보고 좋은 기사를 선택하는 당당한 권리는 우리 스스로에게 있다는 점을 잊지 말아야 합니다.

PART 08

AI와 감정

08

AI와 감정

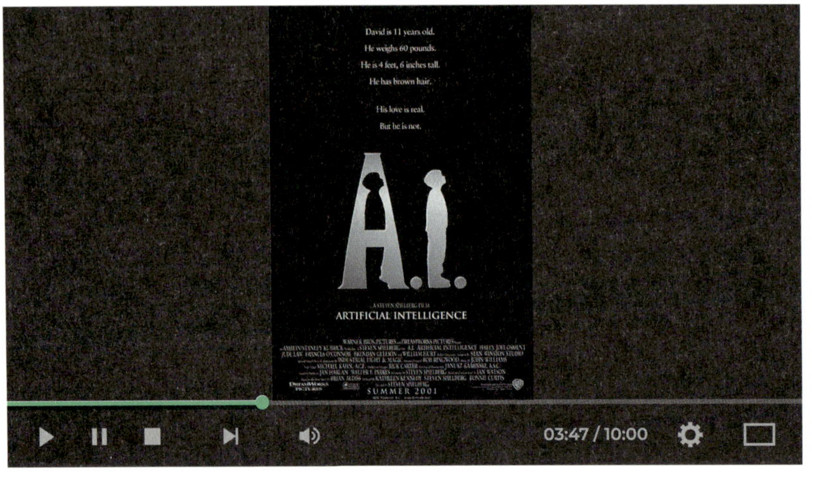

<에이 아이>, 스티븐 스필버그, 미국, 2001.

하비 박사는 감정이 있는 로봇을 만들겠다고 선언한다. 이에 따라 로봇 회사는 감정을 가진 최초의 인공지능 로봇 '데이빗'을 만들어 낸다. 회사는 새로 만든 로봇 데이빗의 상태를 테스트하기 위해 직원인 헨리 스윈튼의 집에 로봇을 보내기로 결정한다. 스윈튼 부부의 친 아들 마틴은 불치병에 걸려 치료약이 개발될 때까지 냉동 상태로 병원에 입원해 있던 중이었다. 어린 아이의 모습을 한 데이빗은 아픈 마틴을 대신해 스윈튼 부부의 아들이 되어 차차 인간 사회에 적응해 간다.

인공지능 애피타이저

사람이 되고 싶은 데이빗

어느 날 하비 박사는 '진화 신경망'을 이용해서, 부모를 사랑하는 아이의 순수한 감정을 가진 로봇을 만들겠다는 포부를 밝힌다. 이에 따라 감정이 있는 인공지능 로봇 데이빗은 어린 아이의 모습으로 만들어진다.

아이의 모습과 감정을 가진 로봇이 만들어진다면 어떤 문제점들이 발생할까요?

하비 박사 '진화 신경망'이라는 마음을 가진 기계죠. 제가 말하는 사랑은 전에 없던 잠재의식을 말하는 겁니다. 은유, 직관, 자발적 이성, 꿈같은 정신적인 세계를 뜻하죠.

연구진 1 꿈꾸는 로봇이요? 그걸 어떻게 만들죠?

연구진 2 저도 느낀 거지만 로봇에 회의적인 사람들이 많습니다. 사랑할 수 있는 로봇을 만들 수 있느냐보다 인간이 그들을 사랑할 수 있는지가 더 큰 문제예요.

하비 박사 항상 아이의 단계이고 사랑스러우며 병도 안 납니다. 아이가 없는 부모들은 허가 나기만 기다리고 있죠. 이건 상업적인 목적이 아닌 인간의 필요에 의한 겁니다.

연구진 2 제 질문은 그런 차원이 아니에요. 로봇이 사람을 순수하게 사랑할 수 있다면 그 보답으로 사람이 어떤 책임을 져야 하는 거 아닌가요? 윤리적인 질문입니다만.

회사는 완성된 어린 아이 모습의 인공지능 로봇 '데이빗'이 잘 작동되는지 실험해 보고자, 모든 회사 직원들의 가정을 심의한 끝에 스윈튼 부부에게로 보낼 것을 결정한다. 스윈튼 부부의 아들 마틴은 불치병에 걸려 치료제가 개발될 때까지 냉동 상태로 5년이나 병원에 장기 입원 중이었다. 이런 아들의 상태를 받아들이지 못한 엄마 모니카는 깊은 슬픔에 빠져 있었기 때문에, 감정을 가진 아이형 로봇이 인간에게 어떤 위로가 되어주는지를 실험하기에 안성맞춤이었다.

데이빗을 처음 본 모니카는 데이빗이 마틴을 대신하는 것만 같아서 거부하지만, 아이와 다를 바 없는 사랑스러움에 곧 마음을 열게 된다. 얼마 되지 않아 마틴이 기적적으로 완쾌되고 병원에서 돌아오면서 데이빗은 모니카로부터 버림을 받게 된다. 데이빗은 엄마가 들려주었던 '피노키오' 이야기를 떠올리면서 진짜 인간이 되면 엄마를 다시 만날 수 있을 거라는 희망을 가지게 된다. 친구 테디베어와 함께 인간이 되도록 만들어 줄 푸른 요정을 찾아 힘겨운 여행을 시작하고, 데이빗은 결국 빙하가 녹아 물에 잠긴 맨해튼까지 찾아간다.

데이빗	엄마는 언제 올 건데요?
모니카(엄마)	안 와. 너 혼자 있어야 돼.
데이빗	혼자요?
모니카(엄마)	테디랑…….
데이빗	싫어요, 싫어 엄마! 안 돼요, 엄마.

모니카(엄마)	안 그러면 널 없앨 거야.
데이빗	엄마 머리 자른 것도 잘못했고, 마틴한테도 미안해요.
모니카(엄마)	그만해. 안 돼. 난 가야 돼. 갈 거야. 그만해!
데이빗	피노키오처럼 내가 인간이 되면 집에 가도 되나요?
모니카(엄마)	그건 동화일 뿐이야.
데이빗	그래도 있는 얘기죠?
모니카(엄마)	그건 사실이 아냐. 넌 진짜 아이가 아냐.

여러분의 가정에 데이빗이 동생으로 입양되어 온다면 어떤 기분일까요?

수많은 어려움 끝에 로봇을 인간으로 만들어 준다는 맨해튼에 도착하고, 그곳에는 데이빗과 똑같은 모습을 한 인공지능 로봇이 대량으로 진열되어 있다. 자신과 같은 모습을 한 여러 대의 로봇을 보고 데이빗은 충격을 받는다. 자신은 단 하나뿐인 '데이빗'이라고 소리치지만 결국 자신도 대량 생산되고 있는 많은 로봇 중에 하나임을 인정할 수밖에 없었고, 데이빗은 슬픔 속에서 엄마를 그리워하다 바다 속에 몸을 던진다. 바다 밑바닥으로 가라앉은 데이빗은 침몰한 놀이공원에서 푸른 요정의 동상을 발견한다. 데이빗은 피노키오가 그랬던 것처럼 푸른 요정에게 인간이 되게 해 달라는 간절한 소원을 빈다.

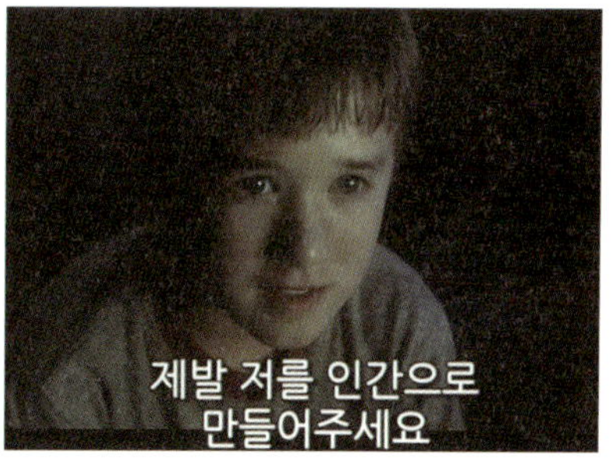

로봇에게 감정을 주는 기술을 개발해야 할까요?

데이빗 　　푸른 요정님, 제발…… 제발 저를 진짜 인간으로 만들어주세요. 제발…… 부탁해요.

내레이션 　　데이빗은 계속해서 요정에게 소원을 빌었고, 요정은 잔잔한 미소를 지으며 데이빗을 따뜻하게 맞아 주었다. 데이빗은 계속 희망을 잃지 않았다. 모든 말미잘이 시들어 죽을 때까지 기도했으며, 바다가 얼어붙어 그들이 탄 헬기와 요정이 갇혀 버릴 때까지 기도했다. 얼음 속에서는 푸른 요정이 미소를 지으며 그를 기다렸다. 항상 그 자리에서. 미소를 띠고. 그를 기다렸다. 결국 그는 움직일 수 없게 되었지만 눈을 크게 뜨고 매일 밤 어둠 속을 똑바로 응시했다. 그다음 날도…… 그다음 날도…….

2천 년이 지난 후. 그사이 지구는 빙하기에 접어들어 인간은 모두 절멸하였다. 지구를 방문한 외계인들에 의해 데이빗은 발견되고, 그의 간절한 소망을 보게 된 외계인들은 이루고 싶었던 꿈을 실현시켜 준다. 데이빗은 짧은 시간이지만 다시 엄마를 만나 사랑을 받는 행복한 아이가 되어 꿈같은 시간을 보낸다.

모니카는 데이빗을 버렸지만, 인공지능 로봇 데이빗은 다시 엄마를 되찾기 위해 온갖 위험을 극복하고 인간 아이가 되기 위해 노력한다. 데이빗에게는 오직 엄마를 위한 단 하나의 소중한 아들이고 싶은 소망만이 존재할 뿐이다. 엄마에 대한 그리움과 엄마를 향한 사랑만이 데이빗의 마음속에는 가득하다. 이런 간절함이 피노키오처럼 인간 아이가 되고 싶다는 희망과 꿈을 만들어 냈다. 그러나 하비 박사는 처음부터 데이빗을 진짜 아이로 생각하지 않는다. 자신의 죽은 아들을 대체할 수 있는 감정을 가진 완벽한 기계를 꿈꾸었을 뿐이다. 오직 인간을 위로하고, 인간의 필요에 의해 존재하는 아이형 로봇이면 그만이었다.

인간의 이기심으로 탄생한 인공지능 로봇의 감정은 인간들에게 더 이상 필요가 없어지면 버려진다. 그러나 이미 감정을 가진 로봇은 인간에 대한 절실함을 마음 속 깊이 간직하고 있다. 이렇게 꿈과 감정, 사랑을 지닌 로봇을 우리는 단순히 '기계'라고 부를 수 있을까? 인간의 소중한 추억과 절실한 마음을 모두 기억하고 이해하는 데이빗과 같은 인공지능 로봇이 만들어진다면, 우리는 그것을 단순한 '로봇'이라고 생각할 수 있을까? 어떤 사람들에게는 인공지능 로봇이 가족이나 친구, 혹은 애완동물보다도 더 많은 사랑을 나누고, 마음을 기울이는 특별한 존재가 될 수도 있지 않을까? 그런 시대가 온다면 우리는 그들을 어떻게 받아들여야 할까?

음미하며 천천히 먹기 로봇에게도 권리가 있을까?

권리는 인간만 가지는 거라고?

'로봇의 권리'라는 말이 좀 이상하게 들리는 건 당연합니다. 이런 말은 공상 과학 영화 속에나 나오는 말이니까요. 그리고 아직 그런 권리를 주장할 만한 로봇이 우리 곁에 존재하지 않으니 더 낯설고 터무니없게 느껴질 거예요. 하지만 낯설다는 이유로 로봇의 권리를 인정하는 일을 미루어 둘 수는 없습니다. 오늘날 많은 사람이 인정하는 '어린이의 권리', '여성의 권리'도 처음엔 낯설고 터무니없는 말로 들렸으니까요.

물론 우리는 길거리의 돌멩이를 보고 권리를 논하지는 않습니다. 돌멩이는 권리를 가질 수 없기 때문입니다. 우리는 보통 생명을 가진 것에만 권리를 부여하니까요. 하지만 그렇다고 모든 생명체가 똑같은 권리를 갖는 건 아닙니다. 식물에는 식물에 걸맞은 권리가, 동물에겐 동물에게 걸맞은 권리가, 인간에겐 인간에게 걸맞은 권리가 있으니까요. 만약 "로봇이 인간과 동등한 권리를 갖는다."라고 말하려면 로봇은 인간과 동등한 존재여야 할 거예요.

여러분 생각은 어떤가요? 로봇은 인간과 동등한 존재인가요? 그런데 여기서 인간과 동등한 존재란 어떤 것일까요? 이 질문에 대답하려면 먼저 인간이란 어떤 존재인지 알아야 할 것입니다. 로봇의 권리에 대한 질문은 결국 "인간이란 무엇인가?"라는 질문과 이어지게 되지요.

인간이란 무엇일까요? 이것은 철학이 2천 년이 넘는 동안 고민해 온 문제이지만 아직도 모든 사람이 동의하는 답을 내놓지 못하는 걸 보면, 어쩌면 애초에 답이 없는 문제일지도 몰라요. 확실한 답이 없으니 그동안 사람들이 내놓은 다양한 답들을 살펴볼까요? 어떤 철학자는 인간을 '사회적 동물'이라고 하고, 어떤 학자는 인간을 '유희적 동물'이라고 합니다. 그런가 하면 '생각하는 갈대'라고 식물에 비유하기도 하지요.

하지만 잘 살펴보면 몇 가지 공통점이 있습니다. 철학자들은 인간과 동물을 비교하면서 인간만이 특징을 생각할 줄 아는 힘, 즉 정신적인 능력에서 찾으려 했지요. 바로 논리적으로 판단하고 계획하고 설계하는 능력, 자기 자신에 대해 생각하거나 어떤 행동을 할지 스스로 자유롭게 선택하는 능력이 인간과 동물을 구분해 준다고 보았던 거예요. 그래서 동물들에겐 이런 이성이나 자의식이 없으니까 동물들이 그저 기계 장치나 다름없다고 말하는 철학자들도 있지요. 이런 다양한 생각들 속에서 우리는 인간의 중요한 두 부분인 육체와 정신, 즉 몸과 마음을 만나게 됩니다.

로봇의 몸과 마음, 인간의 몸과 마음

인간은 분명히 몸과 마음을 가지고 있습니다. 그렇다면 로봇은 어떨까요? 로봇이 '몸'을 가진 것은 분명합니다. 그러나 로봇의 몸은 인간의 몸과 달리 금속과 실리콘 칩 등으로 이루어져 있지요. 하지만 겉모습과 재료가 권리의 차이를 가져오지는 않습니다. 권리는 겉모습에서 나오는 것이 아니기 때문입니다. 단지 겉모습만 가지고 권리를 줄지 말지 판단한다면 예전에 백인들이 피부색이 다르다는 이유로 유색 인종들을 차별했던 것처럼 불공평하고 불합리한 일지요. 중요한 건 마음이 아닐까요?

그렇다면 '마음'은 어떤가요? 로봇에게도 인간과 똑같은 마음이 있을까요? 로봇에게 권리를 부여하기 위해선 로봇도 인간과 똑같은 마음을 가져야 할 것입니다. 그런데 로봇에게 인간과 동등한 권리를 주어서는 안 된다고 하는 사람들은 로봇이 아무리 인간과 똑같이 행동해도 '사랑하고 미워하고 분노하는 것처럼 흉내 내는 것'이라고 말합니다. 로봇은 그저 세탁기와 같은 기계일 뿐, 기계에 무슨 마음이 있냐고 쓴웃음을 짓지요.

영화 속에서 마음을 가진 것처럼 그려지는 로봇은 그저 우리 인간의 상상 속에서나 있는 걸까요? 마음은 인간만이 갖는 걸까요? 그럼 인간에게 마음은 무엇일까요?

인간은 마음을 가졌기 때문에 다른 동물이나 생명체와 근본적으로 구분됩니다. 그래서 우리는 몸보다는 마음을 인간의 본질로 생각하는 경향이 있습니다. 그런 의미에서 우리는 마음을 담고 있다고 말할 수 있는 뇌를 인간의 특별한 부분으로 여기지요. 다음 이야기를 볼까요?

영희와 경희가 교통사고를 당해 병원에 실려 왔다. 영희는 뇌의 기능이 돌이킬 수 없게 망가졌지만 나머지 몸은 멀쩡한 데 반해, 경희는 다른 곳은 완전히 망가지고 뇌의 기능만이 멀쩡하게 보존되었다. 만일 영희의 몸과 경희의 뇌를 합치는 수술이 가능하다면 그렇게 만들어진 사람을 영희라고 해야 할까, 경희라고 해야 할까?

여러분 생각은 어떤가요? 아마도 보이는 얼굴이 영희이다 보니 얼마간 혼란스럽기는 하겠지만 결국에는 경희라고 부를 것입니다. 몸은 비록 영희지만 우리와 이야기하는 사람은 몸이 아닌 뇌의 주인인 경희이고, "너는 누구야?"라고 물어본다면 당연히 경희라고 대답할 테니까요. 여기에 정답이 정해져 있는 것은 아닙니다. 하지만 이 이야기를 통해 우리는 인간의 몸보다 몸속에 담겨 있는 마음이 훨씬 더 중요하다는 사실을 깨달을 수 있지요. 그럼 여기서 한 발짝 더 나아가 볼까요? 마음은 꼭 인간의 뇌 속에만 있는 걸까요?

우리는 앞에서 경희의 뇌를 다른 사람에게 이식하는 이야기를 상상해 보았습니다. 경희의 뇌에는 경희의 기억과 마음이 담겨 있지요. 한 걸음 더 나아가 경희의 기억과 마음을 뇌가 아닌 다른 곳에 저장하는 상상을 해 봅시다. 기술이 엄청나게 발달한 어느 먼 미래에 경희의 마음과 기억을 인공 뇌나 전자 칩에 온전히 옮길 수 있다면, 그 저장 장치는 과연 무엇일까요? 경희의 기억과 마음을 고스란히 갖고 있는 '그것'을 두고 경희가 아니라고 할 이유는 없을 것입니다. 마음과 기억이 모두 똑같은데 단지 담겨 있는 곳이 다르다는 이유로 경희가 아니라고 할 수는 없겠지요.

로봇에게도 권리를!

하지만 마음은 인간만이 갖는다고 주장하는 사람에게 로봇이 아무리 마음과 똑같은 것을 가질 수 있다고 논리적으로 설득해 보았자 아무 소용이 없습니다. 왜냐하면 로봇이 인간과 똑같이 말하고 행동하고 생각하고 느낀다 해도 그것은 '로봇'일 뿐이라고 선을 긋기 때문입니다. 그들은 이미 '로봇과 인간은 다르다.'라는 결론을 내려 놓고는 다른 어떤 증거를 제시해도 로봇과 인간을 동등한 존재로 보려 하지 않습니다.

우리는 '인간'이란 단어를 다양하게 정의하고 사용합니다. 인간이란 생각할 줄 아는 존재이고, 남을 도울 줄 아는 존재입니다. 또 잘못을 뉘우칠 줄 아는 존재이기도 하고요. 우리는 인간답게 생각하고 인간답게 행동하기 때문에 서로를 인간으로 대접합니다. 이처럼 '인간'이란 '사람됨'이나 '인간다움'과 같은 말입니다. 인간이냐 기계냐보다 더 중요한 것은 '인간다움'을 얼마만큼 가지고 있느냐입니다.

로봇이 인간답게 행동한다면, 로봇이 인간과 동등하다고 말하지 못할 이유가 있을까요? 옛날에도 인간을 자기중심적으로 정의하는 사람들이 있었지요. 그들은 노예, 여성이나 피부색이 다른 사람들에게 인간의 권리를 줘서는 안 된다고 주장하기도 했습니다. 로봇이 로봇이라서 권리를 줄 수 없다고 우기는 사람들은 그 옛날 노예, 여성, 유색인종을 차별하는 사람들과 다를 바 없습니다.

우리는 이상하게도 '인간' 자체에 대해서는 무한한 애정을 보내면서도 '인간적인 것'에 대해서는 공포를 느낍니다. 인간적인 것이 위험하다고 한다면 인간이야말로 이 세상에서 가장 위험한 존재일 것입니다. 실제로 인간은 지금 지구상에서 가장 위험한 존재지요. 미워하고, 질투하고, 폭력을 저지르고, 전쟁을 일으키고, 환경을 파괴하고……. 하지만 동시에 인간은 서로를 이해하고, 사랑하고, 존중하고, 격려하고, 함께 힘을 모을 줄 압니다. 잘못을 뉘우치고 더 나은 세상을 위해 노력할 줄도 알지요.

인간은 위험한 존재지만, 그렇다고 해서 우리가 다른 사람을 멀리하지는 않습니다. 우리는 서로에 대해 잘 알고 있으며, 보듬고 어르며 사이좋게 살아 나가는 법을 알고 있으니까요. 로봇도 마찬가지입니다. 만일 로봇이 인간적인 면을 가지고 있다면 로봇과 함께 사는 법은 다른 인간들과 함께 사는 법과 다르지 않을 거예요.

따라서 우리는 인간과 똑같은 로봇이 등장한다면 당연히 인간과 동등한 권리를 부여하고 조화롭게 함께 살아가야 할 것입니다.

한기호 · 임병갑, 『중학생 토론 학교 과학과 기술』, 우리학교, 2013.

01 앞의 글은 서론, 본론, 결론의 3단 구성으로 이루어졌습니다. 각각의 구성 단계에서 글쓴이가 강조하고 있는 중심내용이 무엇인지 정리해 보세요.

글의 구조	소제목	중심내용
서론	권리는 인간만 가지는 거라고?	
본론	로봇의 몸과 마음, 인간의 몸과 마음	
결론	로봇에게도 권리를!	

02 본론에 해당하는 '로봇의 몸과 마음, 인간의 몸과 마음'에서 경희의 뇌와 영희의 몸으로 이루어진 사람은 경희일까요, 영희일까요? 이에 대한 글쓴이의 생각을 정리해 보세요.

- 누구일까?: ________________

- 이유: ________________

03 앞의 글은 '로봇의 권리'에 대해 무슨 근거를 들어 어떤 결론을 내리고 있는지 정리해 보세요.

인간이냐 기계냐보다 더 중요한 것은 ________________을(를) 얼마만큼 가지고 있느냐입니다.

로봇이 ________________ 행동한다면, 로봇이 인간과 동등하다고 말하지 못할 이유가 있을까요? 만일 로봇이 ________________ 면을 가지고 있다면 로봇과 함께 사는 법은 다른 인간들과 함께 사는 법과 다르지 않을 거예요. 따라서 우리는 인간과 똑같은 로봇이 등장한다면 당연히 인간과 ________________를(을) 부여하고 조화롭게 함께 살아가야 할 것입니다.

꼭꼭 씹어 확실히 먹기

로봇이 나의 가족이라면 어떨 것 같아?

(가) '사랑해'라고 말하면 '나도 사랑해요'라고 답하고 '배고파'라고 물으면 음식을 추천해 줍니다. 인공지능 홈로봇 '클로이'는 인공지능 스피커에서 한 단계 더 나아가 사람과의 교류를 강화한 이른바 '반려 로봇'입니다.

'아들과딸북클럽 LG클로이' 패키지는 국내 최초 소비자용 홈로봇입니다. 이 패키지는 LG전자와 인공지능 스피커를 개발한 네이버 클로바, 교육 콘텐츠 기업 아들과 딸이 1년 6개월 연구를 거쳐 선보인 '야심작'입니다.

가정으로 들어온 로봇에 대한 반응은 뜨겁습니다. CJ오쇼핑을 통해 처음 선보인 아들과 딸 패키지는 한 시간 만에 완판됐습니다. 클로이는 날씨 정보, 길 안내 같은 기존 인공지능 스피커 역할은 물론 부르면 고개를 돌려 답변하고 다양한 표정도 짓습니다. 꿀밤을 때리면 등을 돌려 삐친 척을 하기도 합니다. 또 자기학습을 통해 대화 데이터를 계속해서 축적합니다. 대화를 나눌수록 관련 데이터가 풍부해져 더 다양한 이야기를 나눌 수 있게 되는 겁니다.

조진석 '아들과딸' 대표이사

처음 인식 과정에서는 못 알아 들을 수 있는 부분이 있지만 계속해서 반복해 이야기하면 누적이 되고 인식률이 높아집니다. 현재는 인식률이 90%지만 최종 목표는 98%입니다.

36개월 약정 기준으로 하면 한 달에 5만 9,000원으로 총 212만 원에 달하는 제품이지만 업체에서는 홈로봇에 대한 수요가 계속 늘어날 것으로 기대하고 있습니다.

라디오에서 티비로 넘어갈 때 비싸서 다들 사지 않을 것이라고 걱정했지만 지금은 보급화됐습니다. 인공지능 홈로봇도 귀로만 듣던 것을 눈으로 보고 체험하고 같이 공감할 수 있기 때문에 열풍은 지속될 것입니다.

조진석 '아들과딸' 대표이사

인공지능과 로봇에 대한 관심이 높아지면서 실제 IT · 가전 업계에서는 홈로봇에 대한 연구가 활발히 진행되고 있습니다.

소니도 로봇 강아지 '아이보'를 출시하며 반려 로봇 시장에 뛰어들었습니다. 소니에 따르면 아이보는 주인을 알아보고 반응하거나 자신을 예뻐하는 사람의 말을 가장 잘 듣습니다. 로봇이지만 실제 강아지를 키우는 것 같은 체험을 할 수 있는 것입니다. 소니는 이 제품을 2018년 1월 일본에서 출시한 후 7개월 동안 2만 대 팔았습니다.

소프트뱅크 로보틱스가 개발한 인공지능 휴머노이드 로봇 '페퍼'도 인간과의 감정 교류 능력으로 전세계의 이목을 끌고 있습니다. 다만 아직 클로이처럼 소비자용으로 출시되지는 않아 마트 같은 공공장소에서만 만날 수 있습니다.

국내 기업 삼성전자는 혈압 · 심박 · 호흡 등을 측정할 수 있는 '삼성봇'과 실버 세대 건강 · 생활을 관리하는 '삼성봇 케어'를 선보이며 소비자가 접할 수 있는 로봇 시장에 대한 야심을 드러내고 있습니다.

산업 현장에서만 쓰이던 로봇이 집으로도 들어왔습니다. 상용화 초기 단계지만 감정 교류를 할 수 있는 다양한 기능이 추가되며 감성을 어루만질 수 있는 정교한 로봇으로 진화하고 있습니다.

김지영, 「이젠 '반려로봇' 시대 – 홈로봇, 한바탕 격전 예고 / LG전자 '클로이', 국내 첫 소비자용 홈로봇 / 삐친 척까지 – 다양한 감정 교류 기능」, 『뉴스토마토』, 2019. 5. 28.

(나) 인간의 삶은 고도로 발달되고 물질적으로 풍요로워졌지만, 정서적으로는 피폐함을 면하지 못하고 있습니다. 핵가족화로 가족 간의 정이 부족해지고, 개인주의로 인해 공동체 의식은 사라진 지 오래입니다.

인류는 오랜 세월 동안 다양한 공동체들과 더불어 살아가고, 그런 유대 관계 속에서 행복을 느끼도록 진화해 왔습니다. 그런 정과 사랑을 줄 수 있는 대상이 부족해지면서, 대신 동물들에게 혜택을 주고 존중하면서 심리적 안정과 친밀감을 나누는 경우가 많아졌습니다. 얼마 전까지만 해도 '애완동물'이라는 말을 자주 사용했지만, 여기에는 사람에게 즐거움을 주기 위해 기르는 동물이라는 뜻이 강해 지금은 많이 사용하지 않고 있습니다. 대신 '반려동물'이라는 말을 많이 쓰고 있지요. 지속적인 관계를 유지하면서 사랑을 나누고 함께 삶을 살아가는 동물이라는 의미를 가지고 있기 때문입니다.

그러나 '반려동물'에게 먹이를 주고, 산책을 시키고, 건강을 관리해 줄 시간이 없는 사람들은 인공지능 로봇을 맞아들이기도 합니다. 반려 로봇들은 체온 유지 장치가 있어 동물을 안을 때처럼 따스하고, 주인에게만 복종하며, 훈련을 학습하기도 합니다. 앞으로 이런 반려 로봇에게서 사랑을 느끼고 감정을 교류하면서 정서적으로 의지하는 사람들도 늘어날 전망입니다.

01 지금 여러분의 가정에서 키우고 있는 반려동물을 반려 로봇으로 대체한다면 어떠할까요? 친구들과 이야기를 나누어 보세요. 가정에 반려동물이 없는 친구들은 반려 로봇을 집안에 도입하는 것에 대해 어떻게 생각하는지 말해 보세요.

02 다음 〈보기〉의 글에 등장하는 주인공은 '인간'일까요, '기계'일까요? 인간과 기계를 구분하는 결정적인 기준이 있다면 그것은 무엇일지 생각해 보세요.

〈보기〉

영화 〈로보캅〉의 주인공 머피는 유능한 경찰이었다. 그러나 범죄 단체를 조사하던 중 표적이 되어 테러를 당한 후 인체의 대부분을 상실한다. 다국적 기업 옴니코프는 머피의 아내에게 실험 중인 하이테크 수트를 장착해 머피를 살려 내기를 제안한다. 남편을 떠나보낼 수 없었던 그녀는 결국 회사의 제안을 허락한다. 하이테크 수트는 대부분의 신체를 상실한 머피의 몸을 대신해 주었고, 생명을 연장시켜 주었

영화 〈로보캅〉에서의 머피의 모습

다. 그뿐만 아니라 막강한 힘과 민첩함, 인공지능이 선사하는 데이터 분석능력까지 갖도록 해 주었다. 그러나 머피의 아들은 아버지의 로봇과 같은 모습을 보고 거부감을 가지게 된다. 머피 역시 본인의 신체가 금속으로 둘러싸인 것을 받아들이기 힘들어 한다.

이 모든 불행의 근원인 범죄 단체를 처벌하기 위해 머피는 고군분투하고, 하이테크 수트를 만들어준 옴니코프의 명령에 따르지 않고 스스로 판단하여 행동한다. 인공지능의 데이터를 참고하되 경찰로서의 경험을 되살리고, 옳은 것과 옳지 않은 것을 판단하여 해결한다. 이런 모습을 보고 가족들은 남편과 아버지의 모습을 찾게 되고, 범죄 단체를 소탕하면서 영화는 해피엔딩의 결말을 맞는다.

피노키오와 AI의 공통점은?

피노키오의 모험

"옛날 옛적에 나무토막이 하나 있었어요."

이렇게 시작하는 카를로 콜로디의 『피노키오의 모험』은 어린이 신문에 연재된 글을 모아 1883년에 출간한 책이다. 이 작품은 나무로 만들어진 피노키오가 거짓말을 하면 코가 늘어나는 벌을 받지만 착한 일을 많이 해서 진짜 사람이 된다는 도덕적 교훈을 담고 있는 동화로 알려져 있다.

인공 생명의 철학

그러나 콜로디의 동화를 창조성의 관점에서 읽어 보면, 창조자와 피조물의 관계, 인간이라는 창조자의 한계, 피조물이 발휘하는 능력의 역설, 인간을 닮아 가는 피조물의 의미 등을 포착할 수 있다. 좀 더 구체적으로는 이 작품이 인공지능과 로봇 공학의 미래를 은유하고 있다고 해석할 수 있다. 그러므로 피노키오 이야기는 21세기의 매우 중요한 철학적 과제와 깊은 연관이 있다. 그것은 '인공 생명의 철학'이라고 부를 수 있다.

매사추세츠 공과 대학 인공지능 연구소 소장 로드니 브룩스는 로봇 공학의 가장 본질적 특징으로 로봇이 빠르게 인간을 닮아 간다는 점을 강조한다. 다시 말해, 로봇의 진화는 '인간 되기'를 목표로 삼는다는 것이다. 이는 로봇 공학과 뗄 수 없는 것이 곧 인간학이라는 것을 뜻한다. 이는 곧 로봇에게 인간적 위상과 인간적 권리를 얼마만큼 인정해야 할 것인가 하는 문제를 야기한다. 이 모든 것은 철학적 과제에서 시작해서 법학적, 사회학적 과제로 번져 갈 것이다. 인공 생명의 철학은 이 문제를 풀지 않고서는 21세기를 넘어갈 수 없다.

피노키오도 빠르게 사람을 닮아 간다. 제페토 할아버지가 몸을 다 만들기도 전에 장난을 치기 시작하더니, 다리가 완성되자마자 집을 뛰쳐나가 말썽을 부린다. 세상의 유혹에 끌리기도 하지만, 유혹을 뿌리치려고 노력하기도 한다. 자유를 만끽하는 만큼 자유의 역설 또한 뼈저리게 경험한다. 욕심이 지나쳐 자기 몸을 상하게 하기도 하며, 많은 실수를 저지르고 후회하기도 한다. 보통 사람들처럼 희망의 크기만큼이나 고뇌의 결실 또한 체험한다. 무엇보다도 늘었다 줄었다 하는 자신의 코처럼 거짓과 진실 사이에서 갈등한다. 그러면서도 언젠가는 인간과 똑같이 되리라는 열망을 버리지 않는다. 결국 피노키오는 "꼭두각시가 아니라 진짜 어린이가 되었어요."라는 작가의 말처럼 사람이 된다. 그것도 '착한 어린이'가 된다. 그래서 피노키오의 조물주인 제페토도 이루 말할 수 없이 행복해진다.

착한 로봇

동화 속 피노키오의 이야기는 매우 행복한 결말에 이른다.

그러나 우리의 미래도 그럴까? 미래 세대와 동등한 권리로 살아갈지도 모를 인공 생명들이 모두 '착한 로봇'일까? 어떤 사람들은 "모두 착한 로봇으로 만들면 되지!"라고 반박할지도 모른다.

실제로 일본의 유명한 로봇 과학자인 시게오 히로세는, 지능을 갖도록 설계된 로봇이라면 그 어떤 로봇도 도덕적 존재가 될 수 있다고 주장한다. 무엇보다도 로봇은 생물학적 생존을 위해 투쟁할 필요가 없으므로, 로봇을 이기적이지 않게 만들 수 있다.

그는 예의 바르고, 똑똑하고, 심지어 성인(聖人) 같은 로봇을 만들 수 있다고 주장한다. 이는 인간을 해치지 않을 로봇을 염두에 둔 것이다. 이처럼, 로봇이 이기적이거나 인간으로부터 완전히 독립적인 존재가 될까 염려하는 것은 결국 '인간을 위한 로봇'이라는 개념을 전제하기 때문이다.

모든 창조 행위에는 조물주의 통제를 벗어나는 묘한 자유의 영역이 있다. 이는 조물주 신화를 담고 있는 종교의 창세기에서도 알 수 있다. 우리는 조물주인 신의 명령을 거역한 최초 인간의 자유 행위와 그 결과로 낙원에서 쫓겨난 이야기를 잘 알고 있지 않은가. 하물며 인간이라는 창조자가 자신의 피조물을 완벽히 통제할 수 있다는 생각은 공허한 희망일 것이다.

인공 노예

그렇다면 미래에는 인공 생명과의 관계를 통제가 아니라 자율과 평등의 원칙으로 해결해 나가야 하지 않을까? "로봇에게 인권을!"과 같은 구호가 일상의 현실인 시대가 머지않아 올지 모른다.

로봇(robot)이라는 말은 원래 '강제 노동'을 뜻하는 체코어 '로보타(robota)'에서 유래했다. 이 명칭은 1920년대 초 카렐 차페크의 연극 「로섬의 만능 로봇」에서 처음 쓰였는데, 이 작품은 로봇이 노동자를 대체하는 미래 사회를 그리고 있다. 로섬의 공장은 인간 대신에 천하고 힘든 일을 하게 될 '인공 노예'를 생산하는 곳이다.

하지만 오늘날 로봇들은 이미 단순한 공장 노동자 이상의 역할을 한다. 청소 로봇이나 가정부 로봇처럼 주로 인간이 하는 노동을 대신하는 로봇도 있지만, 인간의 동반자 역할을 하는 로봇 또한 인공지능 발명 계획의 목록에서 날로 늘고 있다.

애완동물 로봇은 이미 상용화되고 있고, 간병인 로봇이나 가정 교사 로봇 또는 배우 로봇 등도 개발 중이다. 다시 말해, 오늘날 로봇 공학은 노예나 단순 노동자보다는 삶의 동반자 역할이 강조되는 로봇을 개발하려는 경향을 보인다.

로드니 브룩스는 언젠가 로봇이 인간과 같은 정도의 지능과 의식을 갖게 될 것이라고 믿고 있다. 브룩스는 이것이 현실이 될 때, 인간을 위해 이들 로봇을 인공 노예나 대체 노동자로 부리는 것은 비윤리적인 일이 될 것이라고 말한다. 우리가 우리의 창조물을 노예처럼 취급해서는 안 된다는 것이다.

타자를 어떻게 대할 것인가

한편 굳이 인간을 닮은 로봇이 이상적인 것은 아니라고 주장하는 로봇 공학자들도 있다. 이들은 로봇에게 인공지능이 필요하지만 반드시 인간과 같은 두뇌를 가질 필요는 없으며, 인간의 두뇌와 완전히 다른 회로 구조를 통해 매우 지능적으로 행동하는 로

봇을 만들 수 있다는 전제 아래 연구를 계속하고 있다. 이런 로봇은 어쩌면 지구에서 만들어진 일종의 지능적인 외계인과 같을 것이다. 그들은 지능적인 면에서 인간보다 못할 수 있지만, 더 뛰어날 수도 있다.

로봇 공학자들 역시 우리 인간에게 윤리적 난제를 제기할 것이다. 그들과 연관해서는 '로봇에게 인권을 인정할 것인가.' 하는 문제보다는, 로봇에게 그에 합당한 권리, 즉 '로봇에게 로봇권을 어떻게 인정할 것인가.' 하는 문제가 떠오를 것이기 때문이다. 따라서 이것은 우리에게 새로운 타자라는 철학적 과제를 던질 것이다. 이는 결국 인간의 정체성과 인간 존재론에 대한 성찰과 맞물린다.

이런 철학적 과제는 지금의 청소년이 장년이 되어 여러 전문 분야에서 주도적 역할을 할 때쯤에는 이미 새로운 문제가 아닐 것이다. 이제 우리는 로봇들이 우리에게 제대로 봉사할 준비가 되어 있는지 묻는 것 이상으로, 우리가 로봇들을 받아들일 준비가 되어 있는지를 물어야 하지 않을까.

『피노키오의 모험』의 주인공은 제목에 있는 대로 말썽꾸러기 인형 피노키오이다. 그런데 콜로디의 동화에서 피노키오의 이야기를 따라가면서 함께 관찰할 수 있는 것은 피노키오를 창조한 제페토의 태도이다. 제페토는 언제나 자신의 피조물을 배려하고 그를 위해 희생하며 그가 아무리 말썽을 피우더라도 받아들일 준비가 되어 있다. 제페토의 태도를 한마디로 표현하면 '인내'이다.

인간과 새로운 타자로서 로봇은 무엇보다도 서로 인내하는 것을 배워야 할지 모른다. 피노키오의 모험담도 흥미롭지만, 그와 함께하는 제페토의 태도 또한 우리에게 진지하게 생각할 거리를 제공한다. 이제 이미 현재인 미래의 과제에 대해 미리 생각해 둔다는 자세로 『피노키오의 모험』을 꼼꼼히 읽어 보지 않겠는가.

김용석, 「로봇에도 인권이 있을까」, 방민호 외, 『고등학교 독서』, 미래엔, 136~140쪽.

'인공지능 로봇'이 머지않아 인간과 감정 교류를 할 수 있는 다양한 기능이 추가되어 우리 실생활에서 활용될 것으로 보입니다. 우리는 원하든 원하지 않든 미래 사회에서 감정을 지닌 '인공지능 로봇'과 함께 살아갈 수밖에 없을 것입니다. 그렇다면 우리는 인간과 유사한 감정을 지닌 '로봇'을 인간과 동등한 생명체로 대하여야 할까요, 아니면 단순히 인간이 창조한 기계로 취급해야 할까요? 여러분이 "로봇에게도 인권이 있을까"라는 질문을 받는다면, 어떤 답변을 하겠나요? 구어체(말하듯이)로 작성해 보세요.

우리는 제페토 할아버지가 되어야 한다

인간과 같은 감정을 가진 인공 로봇이 등장한다면 어떤 결과가 초래될까요? 우리 인간은 감정을 지닌 로봇을 어떻게 대해야 할까요? 인간이 창조한 하나의 피조물에 불과한 기계일 뿐이라고 로봇을 애써 무시해야 할까요? 아니면 인간과 동등한 인격체를 가진 또 하나의 생명체로 대해야 할까요? 여러분의 생각은 어떻습니까?

결국, 감정을 가진 로봇의 등장은 우리에게 복잡한 문제를 안겨 줄 것입니다. 가끔은 가족이 되어 주기도 하고, 힘들고 어려울 때 친구가 되어 주기도 하고, 든든한 버팀목이 되어 주기도 한 인공지능 로봇은 언제나 나의 편이 되어 줄 것입니다. 어쩌면 세상 무엇보다 더 소중한 존재가 될 수도 있을 겁니다. 그런 로봇이 폐기 처분할 정도로 낡아 버리거나 시스템의 오류로 모든 기억 데이터들이 지워진다면, 우리는 배우자를 잃은 것 같은 슬픔 속에 빠져들지도 모릅니다. 반대로, 인공지능 로봇을 기계로만 생각하는 사람들은 학대와 멸시 속에서 함부로 대할 것이고, 감정을 고스란히 느끼는 로봇은 비참함 속에서 지낼 수밖에 없을 것입니다.

인간과 똑같은 감정을 지닌 로봇이 등장한다면 당연히 로봇에게도 권리를 부여하고 조화롭게 살아가는 문제를 고심해야 할 것입니다. 피노키오를 만든 제페토 할아버지가 피노키오가 사람이 될 때까지 기다려 주었던 것처럼, 우리 역시 새로운 타자인 인공지능 로봇과 함께 공존하는 방법에 대해 인내를 가지고 고심해야 합니다. 그래야 그들도 우리와 함께 행복한 감정 속에서 조화롭게 살아갈 수 있을 테니까요.

PART 09

AI와 미래 사회

he age of artificial intelligen

Artificial Intelligence

09

AI와 미래 사회

<터미네이터 1, 2>, 제임스 카메론, 미국, 1984·1991.

2029년 로스앤젤레스에서는 스카이넷(인공지능 슈퍼컴퓨터)의 전략 방어 네트워크로 인해, 30억 인류가 핵전쟁의 잿더미 속에서 목숨을 잃게 된다. 겨우 살아남은 인간들은 기계의 지배를 받으며 허드렛일에 동원된다. 인간들은 힘을 합쳐서 반 기계 연합을 구성하고, 사령관인 존 코너는 기계를 위협할 정도의 세력을 형성한다.

인공지능 애피타이저

터미네이터가 온다

영화 〈터미네이터〉는 암울한 미래의 모습으로 시작된다. 스카이넷(인공지능 컴퓨터)의 전략 방어 네트워크는 인간들을 파멸시키기 위해 핵전쟁을 일으켰고, 인구의 대부분은 이미 멸절한 상태다. 목숨을 겨우 보존한 소수의 인간들은 기계가 시키는 노동을 하면서 비참하게 살아간다. 막강한 힘을 지닌 기계에 대항하기 위해 살아남은 인간들은 '반기계 연합'을 결성하고, 존 코너를 지도자로 삼아 기계와의 전쟁을 시작한다. 위기를 느낀 스카이넷은 인간들의 지도자인 존 코너의 탄생 자체를 막기 위해 인간의 모습을 한 침투용 사이보그 터미네이터 T-800을 1984년의 로스앤젤레스로 급파한다. 이에 존 코너 역시 카일 리스라는 젊은 용사를 과거로 보내 어머니인 사라 코너를 보호하도록 지시한다.

내레이션 핵전쟁의 잿더미 속에서 기계들이 일어섰다. 기계들은 인류를 말살하기 위해 수십 년간 치열한 인간 소탕작전을 벌여 왔다. 그러나 마지막 전투를 위해 예정된 시점은 미래가 아닌 우리가 살고 있는 현재, 바로 오늘 밤이었다.

Q 영화에서처럼 인공지능 슈퍼컴퓨터가 인간을 지배하는 세상이 올까요?

1984년에 도착한 인공지능 로봇 터미네이터와 젊은 용사 카일 리스는 각자 사라 코너를 찾아다닌다. 전화번호부 책에 있는 사라 코너는 단 3명. 터미네이터는 그녀들을 한 명씩 찾아가 제거하기 시작한다.

그들이 찾는 진짜 사라 코너는 식당에서 일하고 있었고, 카일 리스는 먼저 그녀를 찾아 터미네이터의 공격을 피할 수 있도록 돕는다. 사라는 리스로부터 미래에 자신이 낳은 아이가 핵전쟁의 생존자가 되고, 인간들을 이끄는 지도자가 된다는 것을 듣게 된다. 리스와 사라는 집요한 터미네이터의 추격을 피해 달아나게 되고, 서로를 돕는 과정에서 사랑에 빠진다.

너무도 강력한 터미네이터의 공격에 리스는 사라를 지키기 위한 최후의 수단으로 자신을 희생하여 대폭발을 유도하지만, 안타깝게도 터미네이터를 없애는 것에는 실패한다. 쫓고 쫓기는 긴박한 상황 끝에 사라는 압축기를 이용해 터미네이터를 파괴한다. 이후 사라는 미래의 지구에서 인간들을 지켜 낼 사령관이 될 존재, 그리고 죽은 리스의 아이인 '존 코너'를 임신하게 된다.

Q

자신이 미래에서 온 사람이라고 말을 하는 리스와 같은 사람을 만난다면 여러분은 어떤 기분이 들까요?

범죄심리학 박사 당신들의 적은?

카일 리스 북미 전략 공군사령부가 만들었던…… 인공지능 컴퓨터 체계가 우리의 적이 된 겁니다.

범죄심리학 박사 아, 예……. 그리고 이 컴퓨터가 당신 지휘관의 어머니를 죽이려고 하고 있다는 거죠? 당신 지휘관의 출생을 미리 막기 위해서 말이죠. 일종의 사전 조취인가요? 그런데 컴퓨터는 왜 코너를 직접 죽이지 않고 이런 복잡한 방식을 택했죠?

카일 리스 선택의 여지가 없었던 겁니다. 우린 놈들의 방어막을 돌파했어요. 다 이긴 거죠. 그때 코너를 제거해 봐야 늦은 겁니다. 놈들은 코너의 존재를 처음부터 없애야 했던 거라고요.

이어지는 시리즈 〈터미네이터 2〉는 스카이넷(인공지능 슈퍼컴퓨터)이 인류의 저항군 사령관인 존 코너를 없애기 위해 또 다른 로봇을 과거로 파견하는 것으로 시작된다. 이번 로봇은 액체 금속형 신형 로봇 T-1000으로 복원과 변신 기술까지 탑재된 업그레이드 버전이다. 인류 저항군 역시 어린 존 코너를 지키기 위해, 터미네이터 T-800을 급파한다. 어린 존 코너를 없애려는 인공지능 로봇 T-1000과 그를 지키려는 터미네이터 로봇 T-800 사이의 대결이 펼쳐진다.

미래의 존 코너가 말한 '운명이란 없다' 라는 메시지는 어떤 의미일까요?

존 코너 '운명이란 없다. 우리가 만든 것밖에는…….' 아빠의 말씀이에요. 미래의 제가 아버지를 통해 엄마에게 보낸 메시지예요. 신경 쓰지 마세요. 현재는 진행되고 있어요. 미래는 정해진 것도 아니고. 그러니 운명이란 우리가 만드는 거라고요.

터미네이터는 어린 존과 어머니 사라를 지키기 위해 최선의 노력을 다한다. 그 과정 속에서 존은 터미네이터에게 우정과 같은 동료애를 느끼고, 터미네이터 역시 '사람을 헤치지 말라'는 존의 명령을 철저히 지켜 낸다. T-1000과의 마지막 결투에서 터미네이터는 힘겹게 두 모자를 지켜 내지만, 자신이 남겨질 경우 좋지 않은 영향을 미칠 것을 우려해 용광로 속으로 들어가 스스로 소멸한다.

존 코너가 말한 '생명의 가치'란 어떤 의미일까요?

존 코너의 내레이션 미지의 미래는 우리를 향해 오고 있다.

내 인생 처음으로 희망을 알게 되었다.

터미네이터라는 기계조차 깨달은 생명의 가치를 우리 역시 배울 수 있을 것이다.

〈터미네이터 1〉과 〈터미네이터 2〉의 인공지능 로봇 터미네이터 T-800의 모습은 동일하다. 그러나 〈터미네이터 1〉에서 T-800은 사라 코너를 제거하기 위한 무서운 암살자로 등장하지만, 〈터미네이터 2〉에서는 존에 대해 책임감을 느끼고 인간과 소통하는 존재로 변화한다. 같은 인공지능 로봇일지라도 인간이 어떠한 임무를 부여하고, 어떠한 부분에 가치를 두어 사용하느냐에 따라 전혀 다른 기계가 될 수 있음을 의미한다. 영화의 마지막 내레이션에서 존이 말한 "터미네이터라는 기계조차 깨달은 생명의 가치를 우리 역시 배울 수 있을 것이다."라는 말은 인공지능의 가치를 어디에 두어야 할 것인가를 다시 생각해 보도록 만드는 대사이다.

AI 기술이 가져올 미래 사회는 어떤 세상일까? 영화 〈터미네이터〉에서는 슈퍼컴퓨터 스카이넷에 의해 인류가 파멸되는 디스토피아를 예견하고 있지만, 많은 과학자들은 그런 강력한 AI의 등장은 불가능하다고 이야기 한다. 그러나 분명한 것은 AI 기술로 인해 지금껏 인류가 경험해 보지 못한 새로운 시대가 도래할 것은 분명하다는 점이다. 과학기술은 인류를 보다 나은 삶으로 진보시킬 힘과, 반대로 또 다른 갈등 속에 몰아넣을 수 있는 힘을 동시에 지녔다. 오직 인간만이 어느 쪽으로 과학기술을 이용할 것인가를 선택할 수 있다. 그렇다면 여러분의 선택은 무엇인가?

음미하며
천천히 먹기

위험한 순간에 나타나는 그 AI!

(가) 인류 최초의 기술 혁신은 불의 발견이다. 불의 발견으로 인간은 일정한 장소에 모이기 시작하였고, 공동 사회를 형성하게 되었다. 또한 불을 이용하여 음식물을 익혀 먹기 시작하면서 기생충에 감염될 확률이 줄어들어 더욱 건강한 삶을 이어 갈 수 있었다.

나아가 불은 여러 가지 과학기술 발전의 원천이 되었다. 예를 들어 음식물을 조리하거나 보관하기 위해 사용된 점토 용기는 불에 구우면 더 단단해진다는 경험을 통해 물질의 고온 처리 기술을 습득하게 되었고, 이것은 금속 가공 기술과 연결되어 금속 시대를 여는 실마리가 되었다. 그렇다면 불의 발견 이후 인류 문명에 큰 영향을 끼친 과학기술에는 어떤 것이 있을까?

불의 발견 이후 인류는 철기 시대를 거치면서 문명을 더욱 획기적으로 발전시킬 수 있었다. 돌을 이용하던 인간이 철과 금속을 발견하고 이를 활용할 수 있게 된 것은 마술과도 같은 놀라운 변화였다. 철은 강하면서도 돌과 달리 모양을 쉽게 변화시킬 수 있어서 무기, 농기구, 그릇, 장신구 등 다양한 용도로 사용되었다. 또한 철을 많이 보유하고 이를 더욱 다양하게 이용한 민족은 생산력과 군사력이 향상되어 다른 민족을 지배할 수 있었다. 당시에는 철을 다루는 기술이 첨단 과학이었으며, 민족의 운명을 결정할 수 있었다.

오늘날에도 철은 건축물을 지을 때 필수적으로 사용되며, 자동차나 기계 장치를 비롯하여 각종 생활용품, 사무기기 등 매우 다양한 곳에서 중요한 재료로 사용되고 있다.

철의 사용 이후에도 인류는 끊임없이 다양한 분야에서 과학기술의 혁신을 이루어 냈다. 예를 들어 16세기 후반에 발명된 현미경은 세포와 같이 맨눈으로 볼 수 없는 아주 작은 물건이나 물질들을 볼 수 있게 하여 생물학, 의학 등의 연구를 한 차원 높이는 데 매우 중요한 역할을 하였다. 또 18세기 후반에 발명된 증기 기관은 사람이나 가축의 힘, 풍력, 수력 등 자연적인 동력을 대신하여 제품의 대량 생산을 가능하게 하였고, 운송 수단의 혁신을 일으켜 산업 혁명의 동력이 되었다.

(중략)

알버트 휴보
출처: Google 이미지

로봇 기술은 자동차 분야를 포함하여 전기, 전자 등 여러 산업에 많은 영향을 미치고 있다. 두 발로 걷는 로봇으로는 한국의 '알버트 휴보'와 일본의 '아시모'가 있고, 사람처럼 생각하고 스스로 학습하는 로봇으로는 미국의 '머츠'가 있다. 이들 로봇은 가위바위보 놀이를 할 수 있을 정도로 정교한 동작이 가능하고, 시속 6km로 달릴 수도 있다. 또한 사람의 얼굴을 알아보고 감정을 표현하거나 간단한 대화도 할 수 있을 만큼 똑똑하다.

산업 현장에서는 단조로운 반복 작업이 많은데, 이와 같은 작업을 로봇에게 맡길 수 있다. 로봇은 일정한 수준의 정밀도와 정확도로 작업을 계속할 수 있으며, 오랜 시간을 작업해도 지치지 않기 때문에 똑같은 제품을 대량으로 만드는 데 활용되고 있다.

그 밖에도 로봇은 사람이 직접 하기 어렵고 위험한 일들을 대신할 수 있다. 예를 들어 로봇은 방호복을 입지 않고도 원자력 발전소에서 방사성 물질을 취급하거나 화학 공장에서 유독 물질을 다룰 수 있다. 또 우주 정거장에서 임무를 수행할 때 로봇이 사용되며, 가정에서 사람을 대신하여 청소를 하는 로봇도 실용화되어 있다.

자동차나 로봇 기술의 예와 같이 과학과 기술 또는 과학과 공학의 통합은 또 다른 분야와 융합하여 앞으로도 계속 발전할 것이다.

아시모
출처: Bing images

이상인 외, 「과학과 인류 문명」, 『중학교 과학 3 교과서』, 지학사, 362~373쪽.

(나) 안녕하세요? 한재권입니다. 보시는 바와 같이 저는 로봇 만드는 일을 하고 있습니다. 여러분은 로봇을 좋아하시나요? 오늘은 여러분에게 로봇에 관한 이야기를 하려고 합니다. 여러분은 로봇을 왜 만들어야 한다고 생각하시나요? 각자 대답이 다 다를 것이고, 로봇을 굳이 만들 필요가 있냐고 생각하는 친구들도 있을 겁니다. 그럼 저는 왜 로봇을 만들었을까요?

먼저 제 얘기부터 해 보겠습니다. 제 동생은 뇌 병변 장애를 가지고 있어 걷지도 말하지도 못합니다. 혼자서는 밥도 못 먹고 화장실도 갈 수 없습니다. 37년 넘게 어머니께서 온종일 동생을 곁에서 돌봐 오셨어요. 그래서 저는 어렸을 때부터 누군가 동생 곁에서 동생을 돌봐줄 수 있었으면 얼마나 좋을까 생각했습니다. 그런 저에게 누군가가 나타났습니다. 바로 만화 영화 속 아톰입니다. 아톰은 몸집이 작지만, 위기 상황이 닥치면 사람들을 번쩍번쩍 들어서 구해 줍니다. 그게 제 눈에는 어떻게 보였냐 하면요, 제 동생이 목욕해야 할 때 동생을 번쩍 들어서 욕조에 데려다주는 장면으로 보였어요. 저에게 그 모습이 영웅으로 보였고, 만화 속처럼 이런 존재가 우리와 같이 산다면 얼마나 좋을까 생각했습니다. 이런 마음이 자라서 저를 로봇 과학자로, 로봇 발명가로 만들었습니다.

물론 지금은 로봇을 만들어야 할 까닭이 더 많아졌어요. 그럼 지금부터 로봇을 왜 만들어야 하는지 본격적으로 말씀드릴게요.

먼저 그래프 자료를 한번 보시죠. 저출산·고령화 사회, 이제는 진부할 정도로 많이 들어서 익숙한 말이죠? 통계청 조사에 따르면, 우리나라는 2030년에 65세 이상 고령 인구가 24.3%로 늘어나게 될 것이라고 합니다. 고령화 사회가 되면 어떤 일이 벌어질까요? 아마도 어렵고 위험한 일에 종사하시는 분들이 더 줄어들 것입니다. 그러나 이러

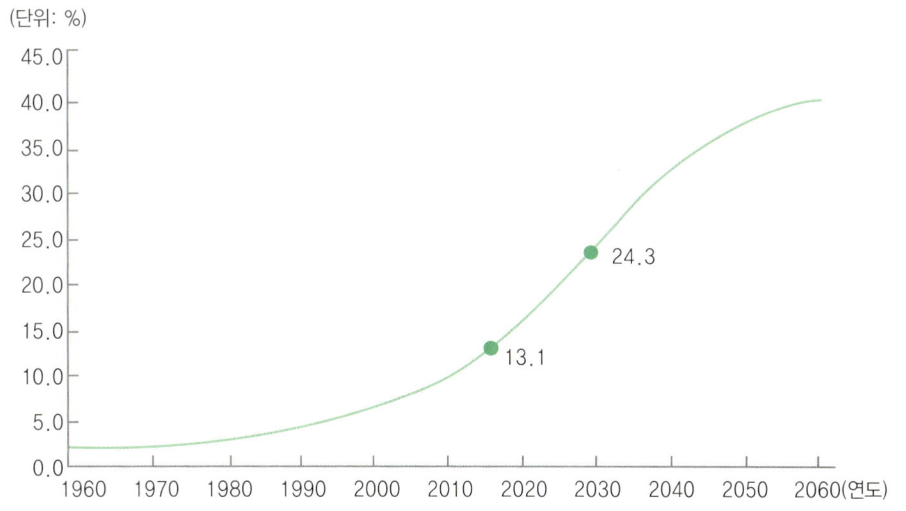

1960~2060년 한국의 고령 인구 비중

출처: 통계청

한 일들은 우리 사회를 유지시켜 주는 가장 중요한 일 중 하나입니다. 거리를 청소하시는 분이 없다거나 위급할 때 우리를 구해 줄 구조 대원이 없다고 생각해 보세요. 갑자기 아파서 병원 응급실에 갔는데 응급 의사나 간호사분들이 없다고 생각해 보십시오. 우리 사회는 유지되기 힘들 것입니다. 그런데 이때 로봇이 부족한 일손을 채워 줄 수 있다면 어떨까요? 아마도 우리는 불편함을 못 느끼고 사회생활을 할 수 있을 것입니다.

또 로봇은 인간의 생명을 구할 수도 있습니다. 로봇을 이용하면 사람이 하기 어려운 수술을 좀 더 쉽게 할 수 있습니다. 사람 손보다 훨씬 정교하고 가느다란 로봇 손을 만들면 사람보다 더 정밀하게 수술을 할 수 있기 때문입니다. 그리고 의사 선생님이 방문하기 어려운 두메에 수술 로봇만 배치해 두면 의사 선생님이 멀리 떨어져 있어도 원격 조종 수술로 응급 환자를 구할 수도 있습니다. 현재 수술 로봇들은 전 세계에 보급되어 수백만 건의 수술을 효과적으로 수행하고 있습니다. 그리고 일부 수술 로봇은 인간보다 뛰어난 봉합 수술 성능을 보여주고 있습니다.

또한, 로봇은 사람이 가기 위험한 곳에 투입되어 사고 현장을 수습할 수 있습니다. 2011년 후쿠시마 원자력 발전소가 폭발했을 때에도 로봇을 투입했습니다. 비록 사건 초기에 투입된 로봇들은 통신 장애로 임무 수행에 실패했지만 지난 수년간 로봇을 꾸준히 개발하여 얼마 전에는 후쿠시마 원자로에 로봇을 성공적으로 투입할 수 있었습니다.

물론, 로봇이 군사적으로 이용되어서 사람을 죽이고 인류를 멸망시킬 것이라는 우려도 있습니다. 그러면 로봇을 더는 개발해서는 안 될까요? 저는 그 해답을 역사에서 찾았습니다. 사진 자료를 보시죠.

인류를 위협하는 자동차
출처: 『뉴욕타임스』, 1924. 11. 23.

이 사진은 1924년 미국의 한 신문 기사에 실린 것으로 자동차가 인류를 위협하는 내용을 담고 있습니다. 이 신문 기사에서는 자동차를 죽음의 기계로 묘사하며 자동차가 곧 인류를 멸망시킬 것이라고 예상하였습니다. 세월이 흐른 지금, 인류가 멸망했나요? 오히려 자동차는 우리에게 없어서는 안 될 도구가 되었습니다. 그럼 그 당시 사람들은 왜 자동차를 살인 기계처럼 생각했을까요? 교통 신호가 없었기 때문입니다. 이후 사람들은 자동차를 안전하게 사용하기 위해서 차도와 신호등을 만들었습니다. 또 운전면허와 같은 제도를 만들었습니다. 로봇을 개발할 때에도 이에 필요한 법과 제도를 만들면 안전하게 사용할 수 있을 것입니다.

로봇은 고령화 사회를 극복하게 해 줄 대안이자 우리 사회를 안전하게 지탱해 줄 힘이라고 생각합니다. 그래서 저는 로봇을 개발해야 한다고 주장합니다. 그리고 로봇을 살인 기계로 만들지 않기 위해 우리가 모두 지혜를 모아야 합니다. 관련 법과 제도를 만들고 예의를 지키는 문화를 조성해야 로봇은 비로소 우리에게 편리한 도구로 다가올 수 있고, 더불어 우리에게 친구로 다가올 수 있다고 생각합니다. 여러분도 함께 노력해 주십시오.

한재권(한양대학교 로봇공학과 교수), 「로봇, 친구가 될 수 있을까」,
한재권 외, 『중학교 국어 1-2 교과서』, 지학사, 144~146쪽.

01 (가)에서 인류를 발전시킨 기술들을 다음과 같이 정리해 보세요.

불	철의 이용	현미경	증기기관
↓	↓	↓	↓
• 공동사회 형성 • 음식물 익혀 먹기 • 고온처리 기술 • 금속시대			

02 (가)에서 말하고 있는 로봇이 대체할 수 있는 일에 대해 정리해 보세요.

03 (나)에서 '로봇이 필요한 이유'에 대해 어떤 근거를 들어 설명하고 있는지 정리해 보세요.

① 로봇은 저출산, 고령화 사회의 일손 부족 현상을 해결해 줄 수 있다.

② ______________________________

____

③ ______________________________

____

04 (나)에서는 로봇이 군사적으로 이용되어서 사람을 죽이고 인류를 멸망시킬 것이라는 우려에 대해 어떠한 근거를 들어 대안을 제시하고 있는지 정리해 보세요.

- 근거: 과거 자동차를 안전하게 사용하기 위해 사람들은 ________와 ________을 만들고, 운전면허와 같은 제도를 만들었다.

- 대안: ______________________________

____

____

____

____

____

꼼꼼 씹어 확실히 먹기 머스크와 저커버그의 AI 논쟁, 그리고 공포의 발견술

"로봇은 사람을 해치면 안 되며, 명령에 복종해야 한다. 또 스스로 보호할 권리가 있다."

공상 과학 소설가 아이작 아시모프가 1942년 발표한 '로봇 3원칙'이다. '로봇 3원칙'은 이후 많은 소설과 영화를 관통하는 기본 원칙으로 자리 잡았다. 악당 로봇의 공격으로부터 인간을 지키는 서사구도의 근원을 따지고 들어가면 '로봇 3원칙'을 만날 수 있다.

그동안 '로봇 3원칙'은 영화나 소설 속 얘기였다. 로봇과 더불어 산다는 것은 먼 미래에나 가능한 얘기였기 때문이다. 하지만 최근 들어 로봇과 함께 살아가는 세상에 대한 구체적인 고민들이 조금씩 고개를 들고 있다. 인공지능(AI)이 몰고 올 엄청난 파장을 우려하는 목소리도 적지 않다.

지난 해 유럽연합(EU)은 '로봇 시민법'을 제정해 많은 관심을 모았다. 아시모프의 '로봇 3원칙'이 그대로 녹아들어 있는 '로봇 시민법'은 사실상 로봇과 더불어 살아가는 시대에 대한 고민을 담아낸 법이다. 로봇이나 AI에 관한한 유럽의 입장은 단호하다. 인간의 동반자 수준을 넘어서면 안 된다는 것이다.

"AI 선제적 규제 필요" vs "자율차 봐라. 기술은 중립적"

최근 일론 머스크와 마크 저커버그가 'AI 논쟁'을 벌여 뜨거운 관심을 모았다. 테슬라와 페이스북을 이끄는 두 경영자는 실리콘밸리를 대표하는 혁신 기업가들이다. 하지만 둘은 AI에 대한 상반된 논리를 전개하면서 팽팽하게 맞섰다.

먼저 논쟁 거리를 제공한 것은 머스크였다. 머스크는 최근 전미주지사협의회 총회에 참석해 "AI는 인간 문명의 존재에 대한 근본적 위협이 될 것"이라고 주장했다. 위협을 예방하기 위해선 선제 규제가 필요하다고 머스크는 목청을 높였다. 특히 머스크는 2060년이면 AI의 지능이 인간의 두뇌를 넘어설 것이란 조사 결과에 대해서도 반박했다. 그는 2030년이나 2040년 즘이면 'AI 역전'이 현실화될 것이라고 주장했다. 지금부터 대비하지 않으면 큰일 난다는 얘기였다.

그러자 저커버그가 강하게 반박했다. 그는 페이스북 라이브 채팅에서 "AI의 미래에 대해 암울한 비전을 제시하는 사람들을 이해할 수 없다."라고 맞섰다. 머스크의 이름을 직접 거론하진 않았지만, 사실상 정면 반박이나 다름없었다. 저커버그는 자율주행차를 예로 들었다. 사망 원인 중 가장 큰 비중을 차지하는 것이 자동차 사고 때문이란 것. AI로 자동차 사망 사고를 줄일 수만 있다면 인간의 삶에 엄청난 진보를 가져오는 것 아니냐고 반문했다. 'AI비관론자'인 머스크가 이끄는 테슬라는 대표적인 자율주행차 업체다. 머리 좋은 저커버그는 그 점을 살짝 빗대서 'AI 비관론'을 꼬집은 셈이다.

실리콘밸리를 대표하는 두 혁신 경영자의 AI 논쟁은 단순히 둘이 팽팽하게 맞섰다는 흥미거리로 넘길 사안은 아닌 것 같다. 'AI와 함께 살아가는 시대'를 앞둔 우리가 깊이 고민해야 할 주제이기 때문이다. 그건 요즘 한창 뜨거운 화두가 되고 있는 '4차 산업혁명 시대'를 대표하는 논점이기도 하다. 그렇다면 머스크와 저커버그는 왜 AI에 대해 상반된 반응을 보일까? 특히 AI가 기반이 된 자율주행차 사업을 이끌고 있는 머스크는 왜 AI의 암울한 미래에 대해 경고하는 걸까?

머스크와 저커버그 논쟁의 바탕엔 '기술을 바라보는 관점' 차이가 자리 잡고 있다. 저커버그가 보기에 기술은 중립적이다. 중요한 건 사람이 어떻게 쓰느냐다. 반면 머스크는 AI가 '위험하기' 때문에 선제적 규제 방안을 마련해야 한다는 입장이다.

페이스북과 테슬라의 서비스 차이도 중요한 이유

이런 관점 차이는 어디서 나오는 걸까? 크게 두 가지 논점을 제기해 볼 수 있을 것 같다.

첫째, 페이스북과 테슬라란 두 기업의 차이를 꼽을 수 있다. 두 회사 모두 AI를 적극 활용한다. 테슬라 자율주행의 기반은 AI다. 페이스북은 최근 AI를 활용한 다양한 서비스를 계속 확대하고 있다. 챗봇도 적극 활용하고 있다. 테슬라에 적용된 AI는 기능을 보조하는 역할을 한다. 사람을 대신해 운전하는 정도다. 반면 페이스북의 AI는 감정 영역까지 건드린다. 보조 기능에 머무르지 않을 수도 있다. 이런 상황에서 AI에 대한 선제적 규제를 할 경우 어떻게 될까?

테슬라 입장에선 (자율차 전면금지가 아닌 한) 오히려 적당한 규제가 만들어지는 게 나을 수도 있다. 반면 페이스북은 그럴 경우 서비스 자체가 위축될 우려도 적지 않다. 물론 이런 비교는 두 회사 서비스를 지나치게 단순화한 것일 수도 있다. 하지만 큰 틀에선 이런 차이가 AI 활용이란 기본 관점에선 크게 다른 부분일 수도 있다.

둘째, 두 경영자의 성향 차이다. 최근 직업 커리어 자문기업 페이사는 흥미로운 조사 결과를 발표했다. IBM 인공지능 왓슨을 이용해 11개 주요 IT기업 CEO의 성향을 비교 분석한 결과였다. CEO들의 연설문, 에세이, 저서, 인터뷰 등을 빅데이터로 분석해서 개인 성격을 비교한 결과 일론 머스크는 '가장 신중한 CEO'로 꼽혔다. 반면 저커버그는 '가장 덜 신중한 CEO'란 결과가 나왔다. 이런 성향 차이는 AI를 바라보는 관점에 그대로 반영됐을 것으로 추정해 볼 수 있다.

AI 논쟁이 던진 숙제… 우리는 어떻게?

내가 이 문제에 관심을 갖는 건 이게 단순히 두 사람 만의 문제는 아니라고 생각하기 때문이다. 앞으로 AI를 둘러싼 논쟁이 벌어질 때면 저런 상황 차이에 따라 팽팽한 의견이 맞설 가능성이 많아 보이기 때문이다. 마찬가지로 EU가 '로봇 시민법' 같은 엄격한 잣대를 만드는 것도 철학적 고민의 결과만은 아닐 것이다. AI를 주도하는 것이 미국 기업들이란 점도 중요하게 작용했을 것으로 추정된다.

당장 4차산업 혁명위원회 역시 저 고민을 정책으로 녹여내야 할 수도 있다. 그럴 때 어떤 관점을 취해야 할까? 쉽지 않은 질문이다. 개인적으론 저 두 CEO의 중간 지점 어디 쯤이 적당해 보이긴 한다. 물론 그게 어떤 것이냐는 돌직구 질문엔 딱 부러진 대답을 내놓긴 쉽지 않지만. 일론 머스크와 마크 저커버그의 'AI 논쟁'은 그런 점에서 태평양 건너 있는 우리에게도 많은 생각할 거리를 던져 주는 것 같다.

김익현, 「머스크 VS 저커버그… 왜 AI 논쟁 벌였나」, 『지디넷코리아』, 2017. 7. 26.

머스크와 저커버그의 주장이 무엇인지 정리해 보세요. 그리고 이 두 사람의 주장 중에서 본인은 어떤 쪽의 주장이 더 타당하다고 생각하는지 이유와 함께 써 보세요.

- 일론 머스크: AI 기술은 위험하다. 따라서 ______________ 을 마련해야 한다.
- 마크 저커버그: 기술은 ______________ 이다. 사람이 어떻게 활용하느냐에 따라 다르다.

(가) 윈스턴의 집은 7층이었다. 서른아홉 살 먹은 그는 오른쪽 발목에 정맥류성 궤양을 앓고 있어서 도중에 여러 번 쉬면서 천천히 올라갔다. 층계참마다 엘리베이터 통로 맞은편 벽에서 포스터에 그려진 커다란 얼굴이 노려보고 있었다. 이 그림은 아주 교묘하게 그려져 있어서 사람이 움직이는 대로 눈이 따라 움직이는 것 같았다. '빅브라더가 당신을 지켜보고 있다.'라는 문구가 얼굴 밑에 적혀 있었다.

조지 오웰의 소설『1984』
출처: Bing images

아파트 안에서는 무쇠 생산과 관련된 숫자 목록을 읽는 달콤한 목소리가 들렸다. 그 목소리는 오른쪽 벽 한 쪽에 있는 뿌연 거울처럼 생긴 직사각형 금속판에서 흘러나오고 있었다. 윈스턴이 스위치를 돌리자 목소리가 약간 작아졌지만 여전히 말은 또렷하게 들렸다. '텔레스크린'이라고 하는 그 금속판은 소리를 줄일 수는 있어도 완전히 끌 수는 없다.

윈스턴은 창가로 갔다. 당 제복인 파란 작업복 때문에 자그마하고 가냘픈 몸이 보잘것없어 보이는 체구가 더욱 두드러져 보였다. 짙은 금발에 붉은 빛이 도는 얼굴을 가진 그의 피부는 싸구려 비누와 무딘 면도날, 이제 막 지나간 겨울 추위 탓에 거칠어져 있었다.

창문이 꼭 닫혔는데도 바깥세상은 추워 보였다. 아래 거리에서는 찢어진 종이와 먼지가 작은 회오리바람에 소용돌이치고 있었고 햇빛이 나고 하늘이 눈부시게 파란데도 사방에 붙어 있는 포스터 말고는 어떤 것에도 색이 없는 것 같았다. 거리가 잘 보이는 곳 어디에서나 검은 콧수염 열굴이 내려다보고 있었다. 집 앞 바로 건너편에 포스터가 하나 있었다. 검은 눈동자가 윈스턴의 눈을 뚫어지게 쳐다보면서 "빅브라더가 당신을 지켜보고 있다."라고 을러댔다.

(중략)

진리부는 반짝이는 흰색 콘크리트로 지어진 아주 거대한 피라미드 구조로, 테라스가 계단식으로 이어져 있고 하늘을 향해 300미터 높이로 우뚝 솟아 있었다. 윈스턴이 있는 곳에서는 우아한 글씨체로 흰 벽에 새긴 당의 세 가지 표어를 읽을 수 있었다.

전쟁은 평화

자유는 구속
무지는 힘

조지 오웰 씀, 정영수 옮김, 『1984』, 더클래식, 2013, 7~8쪽.

빅브라더
출처: Bing images

(나) 조지 오웰의 소설 『1984』에서는 오세아니아를 지배하고 있는 권력의 핵심인 '빅브라더'가 등장한다. 빅브라더는 거리 곳곳에 붙어 있는 포스터 속에서 까만 콧수염을 한 남자의 이미지인데, 커다란 그의 얼굴 밑에는 "빅브라더가 당신을 지켜보고 있다."라는 문구가 적혀 있다. 또한 빅브라더는 어느 곳에나 있는 텔레스크린을 통해 항상 우리를 지켜보며 감시하지만, 실제로 그를 본 사람은 아무도 없다. 사람들은 텔레스크린 앞에서 감정을 철저하게 숨겨야만 살아남을 수 있다. 왜냐하면 빅브라더가 추구하는 세상은 개인의 자유와 감정을 허락하지 않으며, 타인을 감시하고 통제하는 절대 권력의 세상이기 때문이다.

(다) 요나스(Jonas, H.)는 그의 저서 『책임의 원칙』을 통해, '공포의 발견술'을 주장하였다. 공포의 발견술이란, 미래에 나타날 수 있는 기술과 과학적 행위가 의도하지 않았음에도 불구하고, 대단히 부정적일 수도 있다는 가정을 해 보는 것을 말한다. 기술과 과학이 가져올 희망보다 공포를 논의의 대상으로 삼아 미래에 닥칠 수도 있는 전 지구적인 위험과 인간의 몰락, 지구의 파멸 등을 상상하면서, 이를 대비하는 과학적 원칙과 의무 그리고 대책을 미리 마련해야 한다는 것이다. 공포의 발견술은 기술과 과학이 가져다 줄 희망에만 사로잡혀 있는 것을 경계하고, 자연의 섭리를 훼손하는 인간들에게 경종을 울려 미래에 닥칠 수도 있는 불행을 미리 상상하여 위협의 대상을 차단하도록 만드는 데 목표가 있다. 요나스의 '공포의 발견술'은 과학 발달로 인해 미래에 일어날 수 있는 부정적인 일을 상상해 보고, 그것에 미리 대처할 수 있는 방법을 생각해 보는 과정을 말한다.

조지 오웰의 『1984』에 등장하는 '빅브라더'를 '인공지능 컴퓨터 네트워크 시스템'이라고 가정해 보세요. 이러한 첨단 AI 시스템에 의해 발생될 수 있는 문제점은 무엇이며, 이를 해결할 수 있는 방안에는 어떤 것들이 있을지 '공포의 발견술'을 적용하여 토론하고 그 내용을 정리해 보세요.

가정	인공지능 컴퓨터 네트워크 빅브라더가 우리의 삶을 통제하고 감시한다면?
부정적 미래 상상하기	
부정적 미래가 탄생한 원인 생각하기	
우리가 대처할 수 있는 방안 마련하기	

과학의 길

출처: Bing images

(가) 1942년 미국은 제2차 세계 대전을 하루빨리 끝내기 위해 '맨해튼 계획'을 세우고 원자 폭탄을 개발하였다. 이 계획의 책임자는 미국의 이론 물리학자 오펜하이머였다. 그는 살상 무기를 만드는 이 계획이 과연 옳은 일인지 고뇌하는 다른 과학자들에게 "원자탄 연구란 얼마나 아름다운 물리학인가? 과학을 연구할 때에는 오직 재미만을 추구하라."라고 충고했다. 과학자들은 오직 과학 연구로만 원자탄 연구를 대하면 된다는 충고였다. 그의 말에 따라 연구자들은 원자탄 연구에 매진하였고, 결국 원자탄이 완성되었다.

1945년 미국은 일본의 히로시마와 나가사키에 원자탄을 투하하였고, 수많은 사상자와 폐허를 남겼다.

이필렬, 『과학: 우리 시대의 교양』, 세종서적, 2004, 64~65쪽.

(나) 탈리도마이드는 1950년대 개발한 수면제이다. 특히 여성이 임신 초기에 겪을 수 있는 불안과 불면을 덜어주고, 입덧을 예방하는 효과가 있어 여러 나라에서 인기를 끌었다. 동물 실험 결과 아무런 부작용도 없었기 때문에 많은 사람들이 의심 없이 이 약을 먹었다. 그러나 이 약을 먹었던 여성들은 약의 부작용으로 팔다리가 없는 아기를 낳았다. 탈리도마이드 때문에 기형으로 태어난 아이는 전 세계에 약 12,000명에 이른다.

야콥센 외 씀, 전혜영 옮김, 『의약에서 독약으로』, 율리시즈, 2016, 23~26쪽.

01 (가)와 (나)에서 공통적으로 문제 삼고 있는 것은 무엇인지 정리해 보세요.

02 다음의 〈보기〉를 바탕으로, (가)와 (나)의 내용을 비판해 보세요.

〈보기〉

콜롬비아에는 아주 특별한 마을이 있어요. 나무 한 그루조차 살기 힘든 황무지에 세운 가비오타스라는 마을이에요. 환경적으로 건전하고 지속 가능한 발전을 위해 여러 분야의 과학자들이 힘을 모았어요. 그 나라, 그 지역, 그 시대의 환경과 조건에 알맞은 과학기술을 개발해야 한다고 생각하는 사람들이었지요.

그들은 마을 주변에 자생력이 강한 소나무를 심고, 버려진 잡동사니로 만든 풍차, 전기가 아닌 태양열을 쓰는 냉장고, 물을 길어 올리는 놀이 기구로 사막 위에 오아시스를 만들었어요. 덕분에 이 마을 사람들은 척박한 환경에서 최소한의 자원만으로 소박하게 살아간답니다. 가비오타스 마을 이야기는 우리에게 다음과 같은 물음을 던지는 것 같아요.

과학기술의 혜택을 누가 받는가? 과학기술은 지구상의 모든 생명체에게 어떤 영향을 미치는가?

가치를 꿈꾸는 과학 교사 모임, 『과학, 일시정지』, 양철북, 2009, 30~34쪽.

유토피아와 디스토피아의 갈림길 그 위에서!

독일은 2차 세계대전에서 당시의 최첨단 기술이었던 '에니그마'를 전쟁 기밀 유지와 명령에 사용합니다. 이에 대항해 연합군이었던 영국은 천재 수학자들을 모아 '콜로서스'라는 컴퓨터를 개발하여 독일군의 모든 기밀을 풀어냅니다. 이로써 2차 세계대전에서 연합국은 승리하고, 전쟁을 종결시킬 수 있었습니다. 이처럼 기술과 과학은 누구의 손에서 어떤 방식으로 사용되느냐에 따라 다른 결과를 가져옵니다.

인류는 상상력을 통해 끊임없이 문명을 발전시켜 왔습니다. 다음 그림들은 옛 사람들이 상상한 미래 과학기술에 대한 상상화입니다. 아주 오래전의 상상화인데, 마치 미래 사회를 예견한 것만 같은 느낌을 줍니다. 인류는 계속해서 기술을 발전시키고 과학의 수준을 끌어올려 가면서 이러한 상상력을 현실로 만들어 가고 있습니다. 하지만 이러한 과학기술의 발달은 여러 문제점을 가져오기도 합니다. 자연 파괴나 오염, 사생활 침해 문제나, 로봇이 인간의 일자리를 대체하는 등의 문제 말입니다.

전화를 이용한 스테레오 송신 방송에 대한 상상화, 알버트 로비다, 1883.

자동화된 음악장비에 대한 상상화, 그랑빌, 1844.

산업용 로봇에 대한 상상화, 카를 올로프 페터센, 1916.

영화 〈터미네이터〉에서는 똑같은 T-800 인공지능 로봇이 인간을 해치는 기계로도, 인간을 지키는 기계로도 사용되었습니다. 주인공은 "운명이란 결국 우리가 만들어 가는 것"이라고 말합니다. 이것은 T-800과 같은 AI 과학기술을 어떻게 활용해서 사용하는가는 결국 인간에게 달려 있다는 것을 말해주는 것 같습니다. 과학기술의 양면성에 우리는 언제나 관심을 기울여야 합니다. 지나친 비관론을 바탕으로 한 디스토피아도 문제겠지만, 아무런 대처도 없이 무조건적인 낙관론만을 펼치는 유토피아적 상상도 불안합니다. 이번 단원에서 우리가 논의했던 것처럼, 과학자와 정치가, 철학자와 법학자, 그리고 일반 대중들이 모두 머리를 맞대고 인류가 이루어 낸 과학기술을 어떻게 사용할지 논의해야 합니다. 바로 그곳에서 인류는 또 다른 눈부신 문명을 이루어 낼 수 있을 것입니다.

PART 10

AI 시대와 과학 윤리

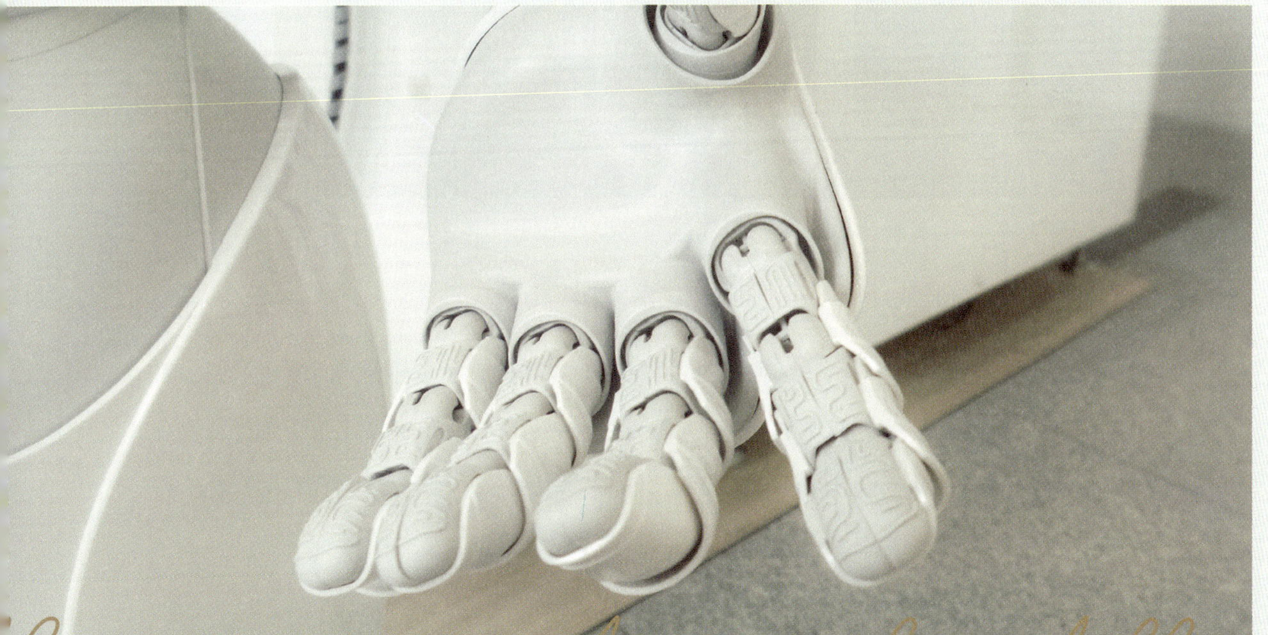

10

AI 시대와 과학 윤리

<빅터 프랑켄슈타인>, 폴 맥기건, 미국, 2015.

1818년 메리 셸리가 쓴 동명의 원작 소설 『프랑켄슈타인』에서 소재를 가져와 새롭게 각색한 작품이다. 인류를 돕겠다는 사명감으로 빅터 프랑켄슈타인과 그의 조수 이고르는 불멸을 연구하기 시작한다. 그러나 프랑켄슈타인의 연구는 예상치 못한 결과를 가져오고, 무서운 존재를 만들어 내고 만다.

인공지능 애피타이저

미친 과학자 프랑켄슈타인의 실험

인간의 불멸을 연구하기 시작한 프랑켄슈타인 박사와 그의 조수 이고르는 전기를 통해 인체가 다시 살아나게 하는 실험에 성공한다. 다양한 동물 조직들을 모아 만들어진 인조 생명체 '고든'은 전기 에너지의 힘으로 다시 생명을 얻는다. 그러나 깨어난 고든은 통제하기 힘든 괴물에 가까웠고, 프랑켄슈타인은 할 수 없이 고든을 제거한다.

이고르 　이게 뭐예요?

프랑켄슈타인 　고든.

이고르 　직접 만든 거예요?

프랑켄슈타인 　아니지, 우리가 만든 거야. 폐, 심장, 척추, 뇌. 모두 자네 작품이야. 모두 자네가 없었다면 불가능했어.

이고르 　빅터! 생명을 위한 연구라고 약속했잖아요.

프랑켄슈타인 　그 이상이지.

Q 죽은 생명체를 다시 살아나게 하는 프랑켄슈타인의 실험에 동의하나요?

고든을 통해 가능성을 보여 준 프랑켄슈타인은 연구 자금을 지원받아 인간에게 직접 실험을 해 보기로 결정한다. 이고르는 반대하지만, 자제력을 잃은 프랑켄슈타인은 자신의 기술을 끝까지 실험한다.

여러분이 이고르라면 프랑켄슈타인의 실험을 계속 도울 수 있을까요?

프랑켄슈타인　오늘 밤 삶과 죽음을 뒤집어 놓겠어. 그럼 날 거부한 이 세상도 영원히 내 이름을 기억하겠지!

이고르　이러면 인간인 프랑켄슈타인이 아니라 괴물만 기억될 뿐이에요!

프랑켄슈타인　자네를 용서하지! 미래를 못 보는 무지를 용서하겠어.

이고르의 내레이션　당신도 다 아는 이야기다. 광기 어린 천재, 불경한 피조물.

인조 인간을 깨우는 실험에는 엄청난 전기가 필요했고, 폭풍이 몰아치는 밤 번개의 에너지를 이용하기로 한다. 이고르는 최선을 다해서 프랑켄슈타인의 마지막 실험을 막아보려 하지만, 광기 어린 그는 실험을 강행한다. 모든 인체 조직을 조합해서 만든 '프로메테우스'는 결국 그날 밤 깨어난다. 그러나 프랑켄슈타인이 생각했던 것과는 달리 영혼이 없는 과격하고 무서운 생명체로 태어난 프로메테우스는 사람들을 마구잡이로 해치기 시작한다. 프랑켄슈타인과 이고르는 힘을 합쳐 프로메테우스를 없애기 위해 노력하고, 빗속에서 새로운 창조물인 프로메테우스는 끝내 최후를 맞는다.

프랑켄슈타인의 실험이 성공했다면 인류는 불멸의 삶을 살았을지도 모른다. 죽은 모든 생명들을 다시 소생시킬 수 있기 때문에 우리는 사랑하는 사람들의 죽음을 지켜보지 않아도 된다. 그러나 그것은 자연의 법칙을 어기는 것이며, 무엇과도 바꿀 수 없는 생명의 존엄성에 큰 혼돈을 주게 된다. 프랑켄슈타인은 자신이 하는 실험이 가져올 부정적인 측면은 고려하지 않고, 오직 긍정적인 부분만을 생각한다. 또한 자신의 실험이 갖는 사회에 대한 책임감과 윤리 의식은 버려두고, 오직 자신이 이루고자 하는 개인의 목표만을 향해 맹목적으로 달려간다. 그에게는 오직 자신의 목표와 이루고자 하는 열망만이 존재할 뿐이다.

출처: Google 이미지

이고르는 프랑켄슈타인의 실험이 갖는 위험성에 대해 자각하고, 이를 막기 위해 노력한다. 그러나 인조 인간 '프로메테우스'의 탄생을 끝내 막지는 못한다. 실험의 결과로 만들어진 괴기스러운 괴물은 육체만 살아 있을 뿐 인간이 갖추어야 하는 내면은 전혀 존재하지 않았다. 거대한 육체와 강인한 힘을 가진 프로메테우스는 인간을 해치는 데 거리낌이 없다. 다행히 프랑켄슈타인과 이고르의 힘으로 프로메테우스를 제압하지만, 그렇지 못했다면 프로메테우스는 더 많은 사람들에게 위해를 가했을 것이다.

이런 프랑켄슈타인의 이야기는 광기 어린 한 천재의 이야기에 불과할까? 과학기술의 힘이 눈부시게 발전하고 있는 지금, 윤리와 책임감이 없는 실험은 우리에게 어떤 결과를 가져다줄 것인가? 인간보다 강인한 육체와 사람의 지혜를 동시에 갖춘 인공지능 로봇의 탄생이 프랑켄슈타인이 만들어 낸 '프로메테우스'와 같지 않으려면 우리는 어떤 노력을 기울여야 할 것인가?

음미하며 천천히 먹기 로봇 시대, 인간이 해야 할 일은?

인공지능은 컴퓨터 프로그램을 활용해 인간과 비슷한 인지적 능력을 구현한 기술을 말한다. 인공지능은 기본적으로 보고 듣고 읽고 말하는 능력을 갖춤으로써 인간과 대화할 수 있을 뿐만 아니라 지적 판단이 필요한 상황에서 합리적 결정을 내릴 수 있다.

인공지능이 인간의 말을 알아듣고 명령을 실행하는 똑똑한 기계가 되는 것은 반길 일인가, 아니면 주인과 노예의 관계를 역전시키는 재앙이라고 경계해야 할 일인가? 인

출처: Bing images

간의 지적 능력을 뛰어넘는 인공지능 개발에 관한 보도가 잇따르는 가운데, 세계적 석학들이 인공지능 개발이 결국엔 인류의 종말로 이어질 것이라는 경고를 내놓기 시작했다. 세계적 물리학자 스티븐 호킹(Stephen Hawking)은 "인공지능은 결국 의식을 갖게 되어 인간의 자리를 대체할 것"이라며, "생물학적 진화 속도보다 과학기술의 진보가 더 빠르기 때문"이라고 말했다.

'생각하는 기계'가 축복이 될지 재앙이 될지는 미지의 영역이며 미래 사회가 어디로 향할 것인지는 격렬한 공방을 가져올 주제이다. 하지만 분명한 것은 인류가 이제껏 고민해 본 적이 없는 문제와 마주했다는 점이다. 거대한 영향력을 지닌 신기술의 도입으로 예상치 못한 심각한 부작용이 생기면, 기술과 인간의 관계는 밑바닥부터 재검토되어야 한다.

인공지능 발달이 우리에게 던지는 새로운 과제는 두 갈래다. 로봇을 향한 길과 인간을 향한 길이다.

첫째는, 인류를 위협할지도 모를 강력한 인공지능을 우리가 어떻게 통제할 것인가의 문제이다. 로봇에 대응하는 차원에서 로봇이 지켜야 할 도덕적 기준을 만들어 준수하게 하는 방법이나, 살인 로봇을 막는 국제 규약을 제정하는 것이 접근 방법이 될 수 있다. 또한, 다양한 상황에 관한 사회적 합의를 담은 알고리즘을 만들어 사회적 규약을 벗어나지 않는 범위에서 로봇이 작동하게 하는 방법도 모색할 수 있다. 설계자의 의도를 배반하지 못하도록 로봇이 스스로 무력화(武力化)할 수 없는 원격 자폭 스위치를 넣는 것도 가능하다. 인공지능 로봇이 인간의 통제를 벗어나지 못하게 과학자들은 다양한 기술적 방법을 만들어 내고, 입법자들은 강력한 법률과 사회적 합의를 적용할 것이다.

둘째는, 생각하는 기계가 모방할 수 없는 인간의 특징을 찾아 인간의 가치를 높이는 것이다. 즉, 로봇이 아니라 인간을 깊이 생각하고 인간 고유의 특징을 활용하는 것이다. 인공지능이 마침내 인간의 의식 현상을 구현해 낸다고 하더라도 인간과 인공지능은 여전히 구분될 것이다. 인간에게는 감정과 의지가 있기 때문이다.

감정은 비이성적이고 비효율적이지만 인간됨을 규정하는 본능으로, 감정에 따라 판단하고 의지적으로 행동하는 인간에게 감정은 강점이면서 동시에 결함이 된다. 논리적으로 설명할 수 없는 인간의 행동은 대부분 감정과 의지에서 비롯한 것이다. 인류는 진화의 세월을 거쳐 공감과 두려움, 만족 등 다양한 감정을 발달시켜 왔다. 인간의 감정과 의지는 수백만 년의 진화 과정에서 인류가 살아남으려고 선택한 전략의 결과이다.

출처: Bing images

인공지능을 통제하는 것이 과학자들과 입법자들의 과제라면, '인간이란 무엇인가?', '인공지능이 대체할 수 없는 나만의 특징과 존재 이유는 무엇일까?'라는 철학적인 질문은 각 개인에게 던져진 과제이다.

인공지능 시대는 필연적으로 인간의 본질과 삶의 의미에 대해 근원적 질문을 던진다. 인공지능과 자동화는 우리에게 기계가 인간을 능가할 수 없는, 기계가 도저히 흉내 낼 수 없는 인간의 능력이 무엇이냐고 묻는다. 이것은 단지 기계와의 경주에서 살아남기 위해 경쟁력 있는 직업을 유지할 수 있는 인간만의 고유한 기능이 무엇인지를 묻는 게 아니다. 인공지능이 점점 더 똑똑해지고, 인간이 해 오던 많은 일을 기계가 대신하게 되는 상황에서 인간이 인간다워지는 것의 의미를 묻는 것이다.

인공지능 시대에 인간을 인간답게 만드는 것은 무엇보다 결핍과 그에 따른 고통이다. 인류의 역사와 문명은 이러한 결핍과 고통에서 느낀 감정을 동력으로 발달해 온 고유의 생존 시스템이다. 처음 마주하는 위험과 결핍은 두렵고 고통스러웠지만, 인류는 놀라운 유연성과 창의성으로 대응해 왔다. 결핍과 고통을 벗어나는 과정에서 인류가 체득한 생존의 방법이 유연성과 창의성이다. 이것은 기계에 가르칠 수 없는 속성이다. 그래서 인간의 약점은 인간과 기계를 구별하는 최후의 요소라고 할 수 있다. 우리는 기계를 설계할 때 부정확한 인식과 판단, 감정에서 비롯한 변덕스럽고 비합리적인 행동, 망각과 고통 같은 인간의 약점을 기계에 부여하지 않는다. 인간은 우리가 기계에 부여하지 않을, 이러한 부족함과 결핍을 지닌 존재이다. 하지만 거기에 인공지능 시대 우리가 가야 할 사람의 길이 있다.

결국, 앞에서 이야기한 두 가지 과제의 궁극적인 방향은 기계와의 경쟁이 아닌 공존과 공생이다. 인간 고유의 속성인 유연성과 창의성은 인공지능 시대라는 새로운 변화에서도 인간이 생존할 방법을 찾아낼 것이다.

구본권, 『로봇 시대, 인간의 일』, 어크로스, 2015. (신유식 외, 『고등학교 국어』, 미래엔, 308~310쪽.)

01 앞의 글은 인공지능 발달이 우리에게 던지는 새로운 '두 가지 과제'를 무엇이라고 보았는지 정리해 보세요.

• ______________을 통제하는 것: 인류를 위협할지도 모를 강력한 인공지능을 우리가 어떻게 통제할 것인가의 문제이다.

방법	→	누가할 것인가
• 로봇이 지켜야 할 도덕적 기준을 만들어 준수하는 방법 • 살인 로봇을 막는 국제 규약을 제정하는 것 • 사회적 합의를 담은 알고리즘을 만들어 사회적 규약을 벗어나지 않는 범위에서 로봇을 작동하게 하는 방법 • 설계자의 의도에 배반할 경우, 로봇 내부의 원격 자폭 스위치를 가동시키는 방법	→	• ______________: 다양한 기술적 방법 만들기 • ______________: 강력한 법률과 사회적 합의를 적용

• ______________의 가치를 높이는 것: 생각하는 기계가 모방할 수 없는 인간의 특징을 찾아 인간의 가치를 높이는 것이다.

방법	→	누가할 것인가
• 인간 고유의 특징을 활용하는 것 • 인간에게는 감정과 의지가 있다는 점 • '인간이란 무엇인가?', '인공지능이 대체할 수 없는 나만의 특징과 존재 이유는 무엇일까?'와 같은 철학적인 질문에 대한 답 찾기	→	• ______________에게 던져진 과제

02 앞의 글은 인간됨을 규정하는 특징을 무엇으로 보고 있습니까?

- ＿＿＿＿＿＿＿＿에 따라 판단하고 ＿＿＿＿＿＿＿＿적으로 행동하는 점이다.

- ＿＿＿＿＿＿＿＿과 ＿＿＿＿＿＿＿＿을 벗어나는 과정에서 인류가 체득한 생존의 방법이 ＿＿＿＿＿＿＿＿과 ＿＿＿＿＿＿＿＿이다. 이것은 기계가 가르칠 수 없는 속성이다.

03 앞의 글은 인간과 인공지능과의 관계를 어떻게 바라보고 있나요?

꼭꼭 씹어 확실히 먹기

로봇의 윤리와 원칙은 결국 인간의 기술이다

로봇 3원칙

- 제1원칙: 로봇은 인간에게 해를 끼쳐서는 안 된다. 위험에 처한 인간을 무시해서도 안 된다.
- 제2원칙: 제1원칙에 위배되지 않는 한, 로봇은 인간의 명령에 복종해야 한다.
- 제3원칙: 제1원칙과 제2원칙에 위배되지 않는 한, 로봇은 로봇 자신을 지켜야 한다.

아이작 아시모프, 『런어라운드』, 1942.

다음 〈보기〉에 등장하는 로봇의 행동은 '로봇 3원칙'에 위배되나요, 혹은 위배되지 않나요? 팀원들과 토론해 보고, 의견을 모아 로봇의 행동을 판단해 보세요.

〈보기 1〉

불치병에 걸린 주인이 어느 날 자신이 소유한 로봇에게 이런 부탁을 했다.

"난 평생 너를 친구로 여기고 존중해 왔어. 하지만, 인간인 내가 죽음을 피해 갈 방법은 이제 더 이상 없구나. 지금의 의학기술로는 내가 걸린 병을 치료할 수가 없어. 나는 하루하루 죽어 가고 있고, 그 고통은 말로 표현할 수 없단다. 내 친구여! 그대가 나의 고통을 잠재워 주기를 부탁하네. 이것은 나의 마지막 명령이네."

이 말을 들은 로봇은 주인의 명령에 따라 주인의 생명 유지 장치를 제거했다.

- 로봇 3원칙에 위배된다______ vs 로봇 3원칙에 위배되지 않는다______
- 그렇게 생각한 이유: ______

〈보기 2〉

건물 붕괴 사고가 나서 어린 소녀가 혼자 갇히는 사건이 발생했습니다. 워낙 위험한 상황이라 사람은 들어갈 수가 없어서 특수 제작된 로봇을 사고 현장에 들여보내기로 결정하였습니다. 이 로봇은 높은 강도의 충격에도 견딜 수 있는 특수한 소재로 만들어졌고, 불을 끌 수 있는 특수 장치도 마련되어 있어서 위험한 건물 안에서 소녀를 찾기에 적합했습니다. 사고 현장에 투입된 로봇은 무너진 건물 잔해를 헤치며 전진했습니다. 전기가 끊겨 어두웠지만 로봇의 특별 감지 센서 덕분에 앞을 잘 볼 수 있었습니다. 5m 앞에 있는 소녀와 눈이 마주쳤고, 소녀는 간절한 목소리로 도와 달라고 말했습니다. 그때, 로봇은 건물 붕괴 확률이 98%에 달한다는 위험 신호를 감지하게 됩니다. '로봇은 로봇 스스로를 지켜야 한다'라는 원칙에 입각해, 애원하는 소녀를 두고 곧바로 건물을 빠져나왔습니다. 로봇이 나오자마자 건물은 완전히 붕괴되고 말았습니다.

- 로봇 3원칙에 위배된다_______ vs 로봇 3원칙에 위배되지 않는다_______
- 그렇게 생각한 이유: ____

〈보기 3〉

무고한 민간인을 인질로 잡고 있던 테러조직을 소탕하기 위한 군사용 로봇이 개발되었다. 최첨단 소재로 웬만한 외부 충격은 모두 이겨 낼 수 있고, 고성능 무기들이 다수 장착된 강력한 로봇이다. 여기에 인공지능까지 탑재되어 전쟁에서 일어날 수 있는 모든 가능성을 예측하고, 승리할 수 있는 최고의 전략을 수행하도록 설계되어있다. 두려움이나 공포의 감정이 배제된 이 로봇은 전투 중에 일어날 수 있는 돌발 상황에 대해 즉각적으로 확률을 계산한 후 빠른 대처를 할 수 있다.

드디어, 군사용 로봇이 테러조직 소탕 작전에 투입되기로 결정되었다. 그러나 테러리스트들은 무고한 사람들을 인질로 잡고 끝까지 투항하지 않았다. 로봇은 확률상 승리를 예견하였고, 테러조직이 있는 건물로 진입하였다. 전투 과정에서 대부분의 민간인들이 죽거나 희생되었지만, 로봇의 임무였던 테러리스트 소탕과 전투에서의 승리는 확실하게 이루어 낼 수 있었다.

- 로봇 3원칙에 위배된다______ vs 로봇 3원칙에 위배되지 않는다______
- 그렇게 생각한 이유: ______

로봇윤리헌장(2007)

21세기 안에 인간이 만든 감성과 지능을 가진 로봇이 인류 역사상 최초로 등장하게 될 것이다. 인간과 로봇이 함께하는 미래 사회는 윤리, 사회, 경제, 교육, 문화 등 여러 분야에서 다양한 방향으로 전개될 것이다. 따라서 우리는 인간과 로봇이 함께하는 미래 사회가 부정적인 방향으로 가는 것을 사전에 방지하고, 인간과 로봇이 상호 존중하고 협력할 수 있는 미래 사회를 실현하기 위해, 관련 윤리헌장을 제정할 필요성과 책임감을 갖는다.

인간은 로봇의 도움과 협력을 바탕으로 보다 편리하고, 건강하며, 안전하고, 행복한 삶의 질을 보장해 주는 미래 사회를 꿈꾸고, 인간은 인간 본연의 가치인 사랑과 예술을 창출할 수 있는 미래 사회를 그리며, 그러한 미래 사회가 긍정적이고 바람직한 방향으로 가기 위해 다 같이 지혜를 모아야 한다. 또한 우리가 원하는 인간과 로봇의 미래와 미래 세대들이 살아갈 인간과 로봇의 미래 사회는 우리의 준비와 결정에 달려 있다. 이에 우리는 인간과 로봇이 함께하는 풍요롭고 수준 높은 미래 사회를 실현하고자, 인간 중심의 윤리규범을 천명하고자 한다.

하나, 인간과 로봇은 상호 간 생명의 존엄성을 존중하며, 정해진 권리, 정보윤리 및 공학윤리 등의 공동원칙을 보호하고 지켜야 한다.

하나, 인간은 로봇을 제조하고 사용할 때 항상 선(善)한 방법으로 지혜롭게 판단하고 의사 결정해야 한다.

하나, 로봇은 사용자인 인간의 친구 · 도우미 · 동반자로서 인간의 명령에 항상 순종해야 한다.

하나, 로봇 제조자는 로봇윤리헌장을 준수해야 할 제1책임자로서 인류와 공생하기에 적합하고, 사회적 공익성과 책임감에 기반한 로봇을 제조하여야 한다.

하나, 로봇 사용자는 로봇을 존중하는 마음으로 법규에 따라 사용하되, 로봇 남용을 통한 중독 등에 주의해야 한다.

이상과 같이 우리는 변화의 시대적 요청들을 선(善)한 방법으로 지혜롭고 슬기롭게 수용하여, 인간과 로봇이 공존공생하고 공존번영하는 꿈과 희망의 미래 사회를 열고자, 인간과 로봇이 지켜야 할 윤리들을 확인하고 천명하며, 로봇윤리헌장을 공표한다.

2007년 산업자원부(현 산업통상자원부)는 '로봇윤리헌장 제정위원회'를 결성하고 세계 최초로 로봇제조에서부터 사용자 등이 지켜야 할 기본적 윤리규정을 7장에 걸쳐 담은 '로봇윤리헌장 초안'을 만들었다. 이 로봇윤리헌장은 로봇이 일상화될 것에 대비해 과학자, 윤리학자, 종교학자, 의사, 심리학자, 변호사, 미래학자 등 각계인사 12명을 중심으로 만들었을 뿐 아니라 이런 모든 작업을 정부가 지원한 매우 뜻 깊은 사업이었다.

이 로봇윤리헌장 초안에는 '인간과 로봇은 상호 간 생명의 존엄성과 정보, 공학적 윤리를 지켜야 한다'라는 공동원칙에 따라, 인간과 로봇 상호 간의 선한 협력을 통해 공존공영을 함께 추구해야 한다는 세부 조항까지 마련되었다. 즉, 로봇윤리헌장이 내다보는 미래는 먼저 인간은 로봇을 만들고 로봇은 인간이 편하게 살도록 돕는 서로 존중하는 세상을 말하고 있다.

김들풀, 「왜 지금 '로봇윤리헌장(2007)' 초안에 주목해야 하는가?」, 『IT NEWS』, 2016. 3. 18.

앞의 글은 2007년에 우리나라 산업자원부(현 산업통상자원부)에서 만든 '로봇윤리헌장'입니다. 이를 참고하여, 여러분이 정책을 결정할 수 있는 권한을 가졌다고 가정하고, 조별 자유토론을 통해 '청소년 로봇 윤리헌장'의 5대 원칙을 제안해 보세요.

왕성한 식욕,
와작와작 씹어먹기

지킬 박사와 프랑켄슈타인이 잊어버린 것은 무엇일까?

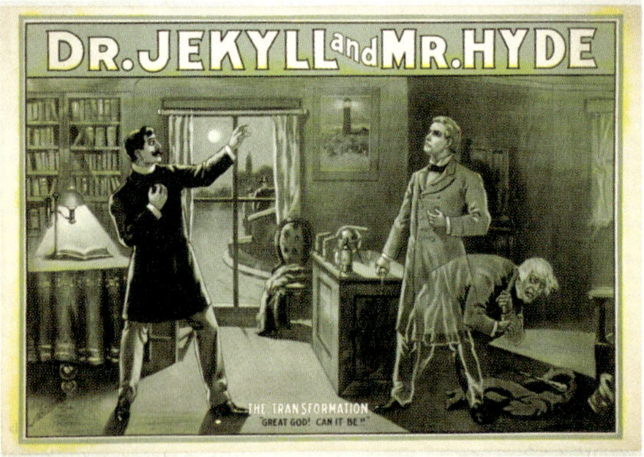

「지킬 박사와 하이드」
출처: Wikipidia

(가) 나는 쾌락을 위해 범죄를 저지르는 최초의 인물이 되었네. 사람들에게 존경 받는 인물의 역할을 계속하면서도, 한순간 빌려 입은 옷을 휙 던지고 아이들처럼 앞뒤 가리지 않고 자유의 바다에 빠질 수 있었지. 신비로운 망토를 걸친 나는 완벽하게 안전했다네. 한번 생각해 보게. 하이드는 존재하지도 않았던 것이네! 실험실 안으로 달아나서 언제든 만들 수 있도록 준비해 둔 약을 섞어 마시기만 하면 에드워드 하이드는 사라지네. 무슨 일을 저질렀든 거울에 번진 입김처럼 싹 사라지는 거지. 그 대신 조용히 자기 서재에서 등잔을 손질하는 헨리 지킬이 등장하는 거야.

(중략)

지킬이 약해질수록 하이드의 힘은 자라나는 것 같았네. 이제 서로를 향한 둘의 증오는 양쪽이 똑같아졌지. 지킬에게 그것은 사활이 걸린 본능이었네. 이제 그는 자신의 의식의 일부분을 공유하고 죽음을 함께할 하이드가 완전히 기형적인 것을 알았지.

(중략)

길게 설명해 봤자 쓸데없는 짓이고, 시간이 없네. 이런 고통을 겪은 이는 없을 걸세. 하지만 이런 고통도 습관이 되어 – 완화되는 게 아니라 – 영혼을 무뎌지게 하고 절망에 순종하게 하지. 내가 받은 벌은 오랫동안 지속되어 온 거겠지만, 지금 떨어진 마지막 큰 불행은 내게서 본래의 얼굴과 성격을 빼앗아가 버렸네. 처음에 실험을 할 때 소금을 산 후로 다시 구입하지 않아서 소금이 바닥나기 시작했다네. 사람을 보내서 다시 소금을 사 와 약을 제조했지. 약이 끓어오르고 색깔의 첫 변화는 일어났지만 두 번째 변화는 나타나지 않았네. 그걸 마셔도 효과가 없었어. 내가 런던을 다 뒤지게 했다는 것은 풀에게 물어보면 알 걸세. 그러나 소용이 없었지. 이제 생각해 보니 처음 샀던 소금에 불순물이 섞여 있었고, 그 불순물이 약에 효능을 주었던 것 같네.

로버트 루이스 스티븐슨 씀, 공경희 옮김, 『지킬 박사와 하이드』, 책만드는집, 2007, 131~150쪽.

(나) 생명을 부여하는 능력은 생겼지만 생명을 담아 낼 틀, 말하자면 복잡하게 얽혀 있는 섬유질과 근육, 혈관을 준비하는 일은 무척 어려운 데다 많은 노력이 필요했다. 처음에는 나와 같은 존재를 만들 것인지, 아니면 더욱 단순한 조직을 가진 생물을 만들 것인지도 쉽게 결정할 수 없었다. 그러나 첫 성공에 내 상상력은 극도로 고무되어 있었다. 인간만큼 복잡하고 신비로운 동물에게 생명을 부여할 능력이 과연 내게 있는지를 의심조차 하지 않았다. 당장 구할 수 있는 재료로는 그렇게 고된 작업을 하기가 힘들 것 같았다. 그래도 결국 성공하리라는 확신은 있었다.

(중략)

내 계획이 얼마나 거대하고 복잡한지, 과연 실현할 수 있을지도 따져 보지도 않았다. 바로 이런 상태에서 나는 인간을 창조하기 시작했다. 그런데 신체 기관들이 너무 작아서인지 속도가 나질 않았다. 그래서 처음 의도했던 바와는 달리 2.5미터 정도 되는 키에 균형 잡힌 체형으로 된 커다란 형상을 만들기로 했다. 그렇게 결정을 내린 후 나는 몇 달에 걸쳐 재료를 모으며 준비를 했고 드디어 작업에 들어갔다.

(중략)

내가 그동안 들인 노고의 결과물을 눈으로 확인하게 된 것은 11월의 어느 음울한 밤이었다. 불안하다 못해 극도의 고통마저 밀려오는 상황에서 나는 내 발 앞에 놓인 결과물에 연결시켜 번득이는 불꽃을 가하기 위해 생명 장치를 내 곁에 가져다 놓았다. 벌써 새벽 1시였

영화 〈프랑켄슈타인〉

다. 빗방울이 유리창 위로 타닥타닥 떨어졌다. 촛불도 거의 꺼져 갔다. 바로 그때 꺼져 가는 희미한 불빛 아래에서 내 창조물이 그 누런 눈을 뜨는 것을 볼 수 있었다. 숨을 거칠게 쉬더니 사지는 경련을 일으키며 움직이기 시작했다.

이 대재앙 앞에서 느낀 감정을 어찌 설명할 수 있으랴. 영원할 것만 같았던 고역과 염려 속에서 부단히 애를 쓰며 탄생시킨 그 가엾은 존재를 어떻게 묘사해야 할까? 그의 팔다리 비율도 괜찮았고, 각 신체 기관들도 아주 보기 좋은 것들로 골랐었다. 그런데 보기 좋기는커녕! 오, 하느님! 근육과 혈관들이 누런 피부 위로 훤히 내비쳤다. 새까만 머리카락은 풍성하고 윤기가 흘렀으며 이빨은 진주처럼 새하얀 빛이었다. 그러나 그런 화려한 치장은 오히려 허연 눈동자와 창백한 흰자위, 쭈글쭈글 한 얼굴, 일자로 쭉 찢어진 시커먼 입술과 대조를 이루어 더욱 끔찍할 뿐이었다.

메리 셸리 씀, 구자연 옮김, 『프랑켄슈타인』, 미르북컴퍼니, 2014, 28~30쪽.

01 (가)에서 지킬 박사는 '내면의 악'을 분리하는 실험을 합니다. 그 결과 자신 내면 속에 숨어 있던 악의 모습인 하이드와 만나게 되고, 그는 살인과 같은 끔찍한 사건을 아무렇지도 않게 저지릅니다. 점차로 하이드의 힘이 더 세지면서 지킬 박사는 결국 그를 통제하지 못하는 지경에 이르고, 자살로 하이드를 없앨 것을 결심합니다. (나)의 소설에서는 빅터 프랑켄슈타인이 전기를 이용해 생명을 창조해 내는 실험을 합니다. 가족들과 연락도 하지 않은 채 실험에만 몰두하던 끝에, 프랑켄슈타인은 인간의 형체에 생명을 불어넣는 것에 성공합니다. 그러나 막상 자신이 만든 괴기스러운 형상에 프랑켄슈타인은 공포를 느끼고, 자신의 창조물을 버리고 도망칩니다. 자신을 만든 프랑켄슈타인에게 버림을 받은 괴물은 추악한 자신을 만든 그의 동생과 신부를 죽이면서 복수를 시작합니다. (가)와 (나)에 등장하는 두 과학자들의 실험을 〈보기〉의 글쓴이가 보았다면 어떤 비판을 했을지 써 보세요.

〈보기〉

정당화의 과정은 과학기술이 객관적 타당성을 갖춘 지식이나 원리로 인정받기 위한 과정으로, 이때에는 연구자의 주관적 가치가 개입되어서는 안 된다. 어떤 이론을 증명할 때 연구자 개인의 취향이나 가치 판단이 들어가면 그 이론 자체의 객관성을 확보할 수 없기 때문이다. 그러나 과학기술의 발견과 활용의 과정에서는 가치가 개입된다. 또한 인간 존엄성의 구현과 삶의 질 향상이라는 과학기술의 궁극적 목적을 실현하기 위해 과학기술은 연구 윤리의 준수뿐만 아니라 사회적 책임을 다해야 한다.

정창우 외, 「고등학교 생활과 윤리」, 미래엔, 117~120쪽.

02 '히포크라테스 선서'를 참고하여, AI와 인간이 공존하는 시대에 꼭 필요한 '과학기술인 선서'를 작성해 보세요.

히포크라테스 선서

이제 의업에 종사하는 일원으로서 인정받는 이 순간, 나의 생애를 인류 봉사에 바칠 것을 엄숙히 서약하노라.

- 나의 은사에 대하여 존경과 감사를 드리겠노라.
- 나의 양심과 위엄으로서 의술을 베풀겠노라.
- 나의 환자의 건강과 생명을 첫째로 생각하겠노라.
- 나는 환자가 알려 준 모든 내정의 비밀을 지키겠노라.
- 나의 위업의 고귀한 전통과 명예를 유지하겠노라.
- 나는 동업자를 형제처럼 생각하겠노라.
- 나는 인종, 종교, 국적, 정당정파 또는 사회적 지위 여하를 초월하여 오직 환자에 대한 나의 의무를 지키겠노라.
- 나는 인간의 생명을 수태된 때로부터 지상의 것으로 존중히 여기겠노라.
- 비록 위협을 당할지라도 나의 지식을 인도에 어긋나게 쓰지 않겠노라.

이상의 서약을 나의 자유 의사로 나의 명예를 받들어 하노라.

과학기술인 선서

이제 과학에 종사하는 일원으로서 인정받는 이 순간, 나의 생애를 인류 봉사에 바칠 것을 엄숙히 서약합니다.

이상의 서약을 나의 자유 의지로 나의 모든 명예를 다 하여 끝까지 지킬 것을 선서합니다.

인공지능 후식으로 마무리_______ 새 시대에 올 그들을 맞이하며!

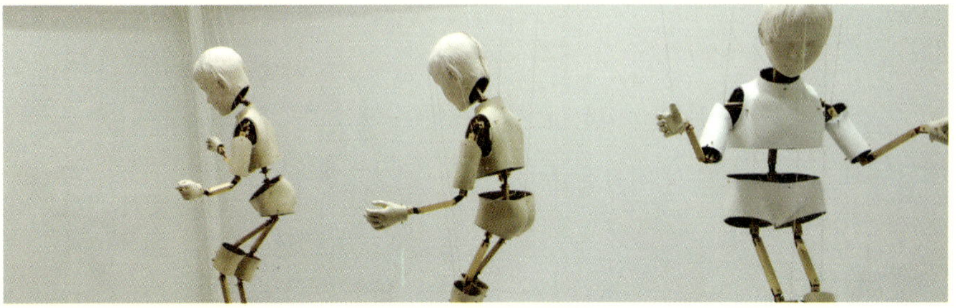

소설『프랑켄슈타인』은 작가 메리 셸리가 시인 바이런으로부터 듣게 된 한 과학 실험으로부터 충격을 받아 만들어진 작품이었습니다. 바이런은 죽은 개구리의 뒷다리가 전기 자극을 받아 움직이는 것을 보았다고 이야기 합니다. 이 실험은 의사 갈바니의 실험이었는데, 죽은 개구리의 다리가 전기에 자극을 받아 스스로 움직이는 것을 본 당시 사람들은 큰 충격과 공포를 느꼈다고 합니다. 이 대화를 듣던 날 밤, 메리는 꿈을 꾸게 됩니다. 창백한 얼굴의 화학자가 괴물을 완성한 후 그 옆에서 무릎을 꿇고 있는 모습이었지요. 이것을 바탕으로 메리는『프랑켄슈타인』을 써서 큰 성공을 거두게 됩니다.

죽은 사람을 살려 놓는다는 허무맹랑한 상상은 이제 현대 사회에서 조금 다른 방식으로 현실이 되고 있습니다. 인간의 신체적 능력을 초월하는 로봇과 사람처럼 생각하고 습득할 수 있는 인공지능이 결합된 새로운 존재가 인간에 의해 창조되는 시기에 접어든 것입니다. 소설『프랑켄슈타인』의 작가 메리는 인간의 과학기술로 만들어 낸 새로운 창조물을 공포스러운 '괴물'로 형상화하였습니다. 그렇다면 우리가 지금 만들어내고 있는 인공지능 로봇은 어떤 모습으로 우리에게 다가올까요? 과학기술의 눈부신 발전은 이제껏 인간이 초월할 수 없었던 많은 분야들을 극복해 갈 수 있는 힘이 되어 주고 있습니다. 그러나 이런 커다란 힘이 가져다주는 결과가 기존의 철학과 윤리를 거스르고, 인간의 존엄성까지 침범할 수 있다는 걱정은 단순한 우려를 넘어 공포심 갖게 하는 것이 사실입니다.

우리 속담에 "구더기 무서워 장 못 담근다."라는 말이 있지요. 반드시 해야 하는 일이라면 다소 어려움이 있다고 해도 꼭 이루어 내야 한다는 교훈을 가진 속담입니다. 과학기술이 가지고 올 많은 문제들이 걱정된다고 해서 그것이 인류에게 줄 커다란 유용함을 포기할 수는 없겠지요. 중요한 것은 과학기술의 이점은 최대한 활용하되, 기본적으로 지키고 보존해야 하는 규범을 철저하게 만들어 안전한 테두리 안에서 사용할 수 있도록 만드는 것이 중요합니다.

첫째, 과학자와 연구자들은 개발에 앞서 인류의 복지와 공익을 해치는 것이 아닌지를 깊이 고민해야 합니다. 또한 개발의 과정 역시 정직하고 진실해야 할 것이며 그 결과가 가져올 수 있는 부작용에 대해서도 주의를 기울여야 합니다. 만약 인류에게 해를 끼칠 우려가 있다면 숨기지 말고 위험성을 알리고 연구를 중단하는 조치를 취해야 할 것입니다.

둘째, 사회는 연구 개발의 타당성을 검증하고 과학기술을 적절하게 구현할 수 있도록 이끌어 가야 합니다. 기술 영향 평가와 윤리 검증 활동을 통해 과학기술들이 인류를 위해 사용할 수 있는 법적 장치와 안전망을 구현해야 합니다.

셋째, 개인과 사용자들 역시 올바른 책임이 필요합니다. 좋은 과학기술을 누리기 위해서는 그것을 바르게 사용해야 하는 책임이 우리 개인들에게도 있는 것입니다. 아무리 좋은 과학기술이더라도 그것을 부당한 곳에 쓰거나 법을 어기는 데 사용해서는 안 됩니다.

이상의 책임과 윤리를 지켜 나간다면, 200년 전의 메리 셸리가 상상해 낸 프랑켄슈타인이 창조해 낸 '괴물'은 존재하지 않을 것입니다. 인공지능 로봇을 통해, 인류는 훨씬 더 나은 윤택한 삶을 누리면서 더 훌륭한 문명을 이끌어 나갈 수 있을 것입니다. 이를 위해서 우리는 새 시대에 올 새로운 친구들을 맞아, 그들과 공생할 수 있는 방법을 생각해 나아가야 할 것입니다. 가까운 미래에 그들이 곧 우리 곁으로 올 테니까요.